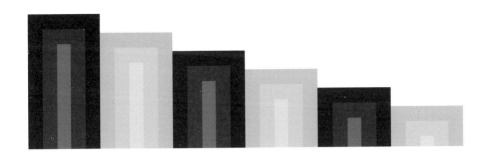

東京都主任試験 解答集

令和4－5年度
全択一問題と解説（AⅠ・AⅡ類）

都政新報社

は し が き

　都主任級選考は、都庁の人事任用制度の入り口として課長代理級、管理職昇任へのいわば登竜門です。令和5年度の合格率は、AⅠ類が41.9%、AⅡ類が40.0%となっています。決して楽な選考ではありません。しかし、日々の職務をきちんとこなし、計画的に準備すれば、誰でも合格チャンスはあります。

　そこで、まずお勧めしたいのが「過去問」を解くことです。どのような問題が出題されてきたのか、傾向と難易度をつかむことは、合格への近道となります。

　本書では、令和4年度、5年度の筆記考査（択一）の問題と解説をまとめました。過去問を解いて要求される知識の範囲、深さ、自己のレベルなどを把握することは、受験勉強を進めるにあたって道しるべとなります。本書が合格へのステップとなることを願っています。

　弊社で発行している『地方自治法　実戦150題』『地方公務員法　実戦150題』『行政法　実戦150題』や1日10分『買いたい新書』シリーズ、『東京都主任試験ハンドブック』なども併せてご活用いただければ幸いです。

　令和6年1月

㈱都政新報社　出版部

2

<h1 align="center">目　　次</h1>

令和4年度
択 一 問 題

主任ＡⅠ類事務　　55問（2時間45分）
主任ＡⅠ類技術　　45問（2時間15分）
主任ＡⅡ類　　　　30問（1時間30分）

◇Ⅰ類
◇Ⅱ類

令和4年度　択一問題の正答

問題番号			分　野	出題内容	正答
AI類 事務	AI類 四技	AII類			
1	1	1	統計資料 の見方	統計の基礎知識	3
2	2	2		分散	4
3	3		基礎的法令 （憲法）	法の下の平等	5
4	4			人身の自由	3
5	5			衆議院と参議院の関係	2
6	6		基礎的法令 （行政法）	法律による行政の原理	2
7	7			行政庁の権限の委任、代理、専決	4
8	8			行政行為の分類	4
9				行政契約	1
10	9			行政行為の附款	2
11	10			行政調査	3
12				行政手続法に定める意見公募手続	2
13	11			行政事件訴訟法に定める取消訴訟	4
14				損失補償	1
15				行政事件訴訟法に定める訴訟類型	1
16			地方自治 制度	地方公共団体の事務	4
17	12			規則	5
18	13			議会の議決	4
19				再議制度	3
20				長の権限	2
21	14			予算	2
22	15			会計年度	5
23	16			基金	4
24	17			協議会	5
25				財産区	4

問題番号			分　野	出題内容	正答
AⅠ類 事務	AⅠ類 四技	AⅡ類			
26	18	3	地方公務員 制度	任命権者	4
27	19	4		平等取扱いの原則	5
28				任用	2
29				人事評価	5
30	20	5		分限	3
31	21	6		退職管理	5
32	22	7		公務災害補償	1
33	23	8		不利益処分に関する審査請求	3
34	24	9		職員団体	5
35	25	10		地方公務員の関係法令	5
36	26	11	都政実務	行政委員会	5
37	27	12		特別職	1
38	28	13		休日休暇	5
39	29	14		旅費	1
40	30	15		文書の施行	4
41	31	16		秘密文書	5
42	32	17		契約の履行	1
43	33	18		支出事務	1
44	34	19		一般競争入札	5
45	35	20		物品	4
46	36	21		広報・広聴活動	4
47	37	22		組織形態	3
48	38	23		都庁のIT化	3
49	39	24	都政事情	東京文化戦略2030 芸術文化で躍動する都市東京を目指して	2
50	40	25		東京都住宅マスタープラン	1
51	41	26		東京都男女平等参画推進総合計画	2
52	42	27		下水道浸水対策計画2022	5
53	43	28		東京都建設リサイクル推進計画	1
54	44	29		河川に関する世論調査	4
55	45	30		東京都交通局経営計画2022	3

6

【No. 1】 統計に関する記述として、妥当なのはどれか。

1. 代表値とは、分布を代表する値であり、分布上の全変数に関する代表値の例として算術平均、分布上の位置によって決まる代表値の例として調和平均がある。

2. 正規分布とは、釣鐘型の左右対称の度数分布であり、平均値をμ、標準偏差をσとするとき、$\mu-\sigma$と$\mu+\sigma$の間に測定値の約95％が含まれる。

3. 寄与度とは、各項目の変化が全体をどの程度の割合で変化させたかを示すものであり、各項目の寄与度の合計は総数の変化率に等しい。

4. 指数とは、同一現象の時間的な変化を、ある時点を基準として比較するものであり、指数を算出する際は、最小二乗法を用いる。

5. 相関係数とは、回帰直線の実際のデータへの当てはまりの良さを測る尺度で、0に近いほど当てはまりがよい。

【No. 2】 下の表は、ある会社の社員100人の通勤時間を調べたものである。この表から求められる分散の値として、正しいのはどれか。ただし、計算結果は小数点第一位を四捨五入するものとする。

通勤時間（分）	度数 f（人）	中央値 x	f・x	f・x^2
10 以上 20 未満	5	15	75	1,125
20 以上 30 未満	10	25	250	6,250
30 以上 40 未満	20	35	700	24,500
40 以上 50 未満	40	45	1,800	81,000
50 以上 60 未満	15	55	825	45,375
60 以上 70 未満	10	65	650	42,250
計	100		4,300	200,500

1. 12
2. 43
3. 47
4. 156
5. 2,005

【解説 No. 1】 Ⅰ類事務、Ⅰ類技術、Ⅱ類

1．誤り。調和平均は「逆数の算術平均の逆数」で計算される平均値の一種である。分布上の位置によって決まる代表値の例としては、「中央値」を挙げることができる。

2．誤り。測定値の約95％が含まれるのは、$\mu - 2\sigma$ から $\mu + 2\sigma$ の区間である。$\mu - \sigma$ から $\mu + \sigma$ の区間に含まれるのは、測定値の約68％である。

3．正しい。

4．誤り。最小二乗法は回帰モデルを推定する際に使用する手法である。指数は、基準となる時点の観測値を基準値（例：100）に置きなおし、比例計算により算出する。

5．誤り。相関係数は1からマイナス1の間の値をとり、1に近いほど正の相関が強く、マイナス1に近いほど負の相関が強い。相関係数が0の場合を無相関といい、0に近いほど、回帰直線とのあてはまりが弱くなる。

正答 3

【解説 No. 2】 Ⅰ類事務、Ⅰ類技術、Ⅱ類

分散は、各標本の値と平均値との差の2乗和の平均を取ることで求められるが、数式を展開・整理することで、次の通りに計算することができる。

分散＝（標本の値の2乗和／標本数）－（平均値の2乗）。

これを本問にあてはめると、$(200500/100) - (4300/100)^2 = 2005 - 1849 = 156$

正答 4

8

【No. 3】 憲法に定める法の下の平等に関する記述として、妥当なのはどれか。

1. 憲法第14条に定める「法の下に平等」とは、同一の事情と条件の下では均等に取り扱うこと、すなわち絶対的平等を意味しているとするのが通説・判例の立場である。

2. 憲法第14条に定める「社会的身分」とは、広く人が社会において占めている地位のことであり、一時的に占めている地位も含まれるとされている。

3. 憲法第14条に定める「信条」とは、宗教上の信仰を意味し、思想上及び政治上の主義や信念などは「信条」には含まれないとされている。

4. 最高裁判所は、尊属殺人について、通常の殺人より刑を加重することには合理性があるため、法定刑の加重が極度で不合理であるとは認められないとした。

5. 最高裁判所は、国籍法に規定されていた父母の婚姻により嫡出子の身分を得た場合に限って日本国籍の取得を認めることにより国籍の取得に区別を生じさせることは、違憲であるとした。

【No. 4】 憲法に定める人身の自由に関する記述として、妥当なのはどれか。

1. 判例では、第三者所有物没収事件において、告知・聴聞・防御の機会については、被告人にのみ与えられるべきものであるため、所有物を没収された第三者に対しては、これらの機会を与える必要はないとされている。

2. 正当な理由に基づいて発せられ、かつ捜索する場所及び押収する物を明示する令状によることなく、住居、書類及び所持品に対して侵入、捜索及び押収を行うことはできない。

3. 判例では、審理の著しい遅延の結果、迅速な裁判を受ける刑事被告人の権利が害せられたと認められる異常な事態が生じた場合には、その審理を打ち切るという非常救済手段を認めるとされている。

4. 刑事被告人は、公費で自己のために強制的手続により証人を求める権利を有しているため、有罪判決を受けた場合であっても、刑事被告人に対して訴訟費用の負担を命ずることができない。

5. 強制もしくは脅迫による自白は、これを証拠とすることができないが、任意性のある自白であれば、これを補強する証拠が別になくても、有罪とすることができる。

【解説 No. 3】

1. 誤り。憲法第14条に定める「法の下に平等」とは、年齢、個人的資質等に即して差異を認める相対的平等を意味しているとするのが通説・判例の立場である。
2. 誤り。「社会的身分」とは、人が社会において占めている継続的な地位のことをいう。
3. 誤り。「信条」には、思想上及び政治上の主義や信念なども含まれる。
4. 誤り。最高裁判所は、尊属殺人に対する法定刑の加重は不合理な差別的取り扱いであるとした。
5. 正しい。

正答　5

【解説 No. 4】

1. 誤り。第三者の所有物を没収する場合、被告人だけでなく第三者にも告知・聴聞・防御の機会を与える必要がある。
2. 誤り。例外として、現行犯人を逮捕する場合には、令状によることなく、侵入、捜索及び押収を行うことができる。
3. 正しい。
4. 誤り。有罪判決を受けた場合は、刑事被告人に対して訴訟費用を命ずることができる。
5. 誤り。任意性のある自白であっても、これを補強する証拠がなくては、有罪とすることはできない。

正答　3

【No. 5】 衆議院と参議院の関係に関する記述として、妥当なのはどれか。

1. 衆議院が解散されたときは参議院も同時に閉会となるが、国に緊急の必要があるときには参議院の緊急集会が開かれ、緊急集会でとられた措置の効力は、次の国会で両議院の議決を経て確定する。

2. 予算の議決について、参議院が衆議院の可決した予算を受け取った後、国会休会中の期間を除いて30日以内に議決をしないときは、衆議院の議決をもって国会の議決とする。

3. 条約の承認については、衆議院の優越が認められており、参議院が出席議員の4分の3以上で議決しない場合は、衆議院の議決により成立する。

4. 両院協議会の制度は、妥協案の成立をはかるため、法律案について両議院で異なる議決をしたときに開かれなければならないと規定されている。

5. 国会の会期のうち、特別会及び臨時の必要に応じて召集される会は、両議院のどちらか一方の議決によって、1回まで延長が認められている。

【No. 6】 法律による行政の原理に関する記述として、妥当なのはどれか。

1. 法律の法規創造力における一定の行政活動とは、法律によって一定の要件のもとに一定の行為を行うことが許されていることをいう。

2. 法律の優位とは、法律が存在する場合には、行政活動を制約する法律に違反してはならず、法律違反の行政活動は許されないという原則である。

3. 法律の留保とは、国民の権利義務に影響を及ぼす法規の定立には、法律または命令の形式に限定しなければならないという原則である。

4. 侵害留保説は、現行憲法の下で国民主権原理が採用されてから唱えられるようになったとされている。

5. 重要事項留保説は、国民の基本的人権にかかわる重要な行政活動には、具体的な法律の根拠が必要であるとしており、権力留保説に含まれるとされている。

【解説 No. 5】 I類事務、I類技術

1．誤り。緊急集会でとられた措置の効力は、次の国会で衆議院の同意が得られなければ、その効力を失う。前段は正しい。

2．正しい。

3．誤り。条約の承認について、両院協議会を開いても意見が一致しないときは、衆議院の議決により成立する。

4．誤り。法律案の場合は、両院協議会は必要に応じて開催される。

5．誤り。特別会及び臨時会の会期については、両議院一致の議決により、2回まで延長できる。

正答　2

【解説 No. 6】 I類事務、I類技術

1．誤り。問題文の説明は、法律の法規創造力ではなく「法律の留保」に関する記述である。法律の法規創造力とは、国民の権利義務関係に影響を与える法規を創造することができるのは法律だけである、という内容である。

2．正しい。

3．誤り。問題文の説明は、法律の留保ではなく「法律の法規創造力」に関する記述である。法律の留保とは、一定の行政活動については、法律によって一定の要件のもとに一定の行為をするよう授権されていなければ行うことができない、という内容である。

4．誤り。侵害留保説は、現行憲法ではなく、明治憲法下の通説として唱えられており、現在でも実務ではこの考え方がとられているといわれている。

5．誤り。重要事項留保説は、国民の基本的人権にかかわりのある重要な行政活動には法律の根拠が必要であるという考え方であり、問題文の前半は正しい。一方、権力留保説とは、権力的行政活動には法律の根拠が必要であるという考え方であり、重要事項留保説の考え方を含むものではない。

正答　2

憲
法
行
政
法

【No. 7】 行政庁の権限の委任、権限の代理又は専決に関する記述として、妥当なのはどれか。

1. 行政機関は、自己の権限のうち、主要な権限部分を下級行政機関又はその他の行政機関に委任することができる。

2. 権限の委任は、法律上の権限の分配を行うものであるが、法律の根拠がない場合は条例により行うことができる。

3. 権限の代理では、代理機関が本来の行政庁の権限を自己の権限として行使し、その行為は当該代理機関の行為として効果を生じる。

4. 授権代理では、本来の権限を有する行政庁が授権行為を行うことにより代理関係が生じるが、指揮監督権はもとの行政庁に残っている。

5. 専決は、本来の行政庁が補助機関に決裁の権限をゆだねるものであり、対外的には当該補助機関の名で権限が行使される。

【No. 8】 行政行為の分類に関する記述として、妥当なのはどれか。

1. 許可は国民が本来持っていない特定の権利及び包括的な法律関係を設定する行政行為のことであり、無許可でなされた法律行為は当然に無効となる。

2. 特許は法令による一般的禁止を特定の場合に解除する行政行為であり、特許の付与について広い裁量が認められている。

3. 下命とは、一定の不作為を命じる行政行為または一定の作為義務を負わせる行政行為のことである。

4. 認可は私人相互間の法律効果を補充して完成させる行政行為であり、認可を要件とするにもかかわらず、認可を受けずに行った私人間の合意は無効となる。

5. 確認は特定の事実または法律関係の存在を公に証明する行政行為に限られるため、法律関係の紛争において行うものではない。

【解説　No.　7】　　　　　　　　　　　Ⅰ類事務、Ⅰ類技術

1．誤り。権限の委任とは、行政庁がその権限の一部を他の行政機関に委譲して、その行政機関の権限として行わせることをいうが、主要な権限部分や権限の全てを委任することはできない。

2．誤り。権限の委任は、法律上の権限の配分に変更を加えるものであるから、法律の根拠が必要である。

3．誤り。権限の代理では、権限が本来の行政庁から代理機関へ委譲するわけではないため、代理機関は、本来の行政庁の名において権限を行使し、その行為は本来の行政庁の行為として効果を生じる。

4．正しい。

5．誤り。専決は、対外的には本来の行政庁の名で権限が行使される。

正答　4

【解説　No.　8】　　　　　　　　　　　Ⅰ類事務、Ⅰ類技術

1．誤り。問題文の説明は、許可ではなく「特許」に関する記述である。許可とは、法令などによって一般に禁止されている行為（不作為義務）を解除する行為のことである。なお、許可を要する法律行為が無許可のまま行われたとしても、当該行為が当然に無効になるわけではない。

2．誤り。問題文の説明は、特許ではなく「許可」に関する記述である。特許とは、国民が本来有しない権利や権利能力を新たに設定する行為である。

3．誤り。一定の不作為を命じる行為は「禁止」である。

4．正しい。

5．誤り。問題文の説明は、確認ではなく「公証」に関する説明である。確認とは、特定の事実または法律関係の存否について、疑いや争いがある場合に、公の権威をもって判断しこれを確定させる行為である。

正答　4

行
政
法

14

【No. 9】　行政契約に関する記述として、妥当なのはどれか。

1.　行政契約のうち、行政主体と私人との間における契約は、非権力的な行政活動であるとされ、私人と対等な立場で経済取引をする場合などがある。

2.　行政契約は、行政主体が行政目的達成の手段として締結する契約であり、法律の根拠がなければ契約を締結することはできない。

3.　行政主体と私人との間で締結される行政契約については、私法上の契約行為となるため、契約自由の原則が当然に適用される。

4.　侵害行政の分野においては、国民の権利や自由を制限するため、行政契約という形式が採用されることはない。

5.　行政契約を巡って争いがある場合には、原則として、行政事件訴訟法に定める手続によらなければ、訴訟を提起することができない。

【No. 10】　行政行為の附款に関する記述として、妥当なのはどれか。

1.　附款は相手に不利益を生じさせるものであるため、行政行為に裁量が認められる場合であっても、法律に根拠がない限り、附款を付すことはできない。

2.　条件とは、行政行為の効力の発生・消滅を発生不確実な事実にかからしめる附款をいい、条件の成就により効果が生じるものを停止条件という。

3.　負担とは、行政行為に付随して相手に対して特別の義務を負わせる附款であり、負担の義務が履行されない限り、当該行政行為の効力は生じない。

4.　撤回権の留保とは、行政行為を消滅させる権利を明文で留保する附款であるため、当該行政行為を撤回することについての制限はない。

5.　瑕疵のある附款が付された場合、当該附款が行政行為の本体と分離可能である場合でも、附款だけを対象に取り消しを求めることはできない。

【解説 No. 9】　　　　　　　　　　　　　　　Ⅰ類事務

1．正しい。
2．誤り。行政契約は、行政主体が行政目的達成の手段として締結する契約をいう。行政契約は、当事者間の意思表示の合致により成立するため、法律の根拠は不要である。
3．誤り。公益と密接な関係を有する行政契約は、公平かつ確実に行われる必要があることから、私人間の契約と完全に同視されず、契約自由の原則が個別法の適用により修正されること（水道法による契約締結義務の発生など）がある。
4．誤り。行政契約も契約である以上、当事者双方の意思の合致が必要であるが、地方公共団体が事業者と締結する公害防止協定などは、侵害行政の手段に関わる契約である。
5．誤り。行政契約の一方当事者である私人が契約違反に対して訴訟を提起する場合、民事訴訟を提起することができ、行政事件訴訟法に定める手続によらなくても、行政契約を争うことは可能である。

正答　1

【解説 No. 10】　　　　　　　　　　　Ⅰ類事務、Ⅰ類技術

1．誤り。附款は法律の根拠がなくとも、行政行為について行政庁の裁量が認められている場合は、その範囲内で付すことができる。
2．正しい。
3．誤り。負担とは、行政行為に付随して相手方に特別の義務を負わせる意思表示のことであり、負担に相手方が従わない場合であっても、行政行為本体の効力が当然に失われることはない。問題文の前半は正しい。
4．誤り。附款は行政庁の裁量の範囲内で付すことができる。附款を付す場合、法の目的に拘束され、必要な限度にとどまらなければならず、平等原則違反や比例原則違反など、裁量権の逸脱濫用と評価されるような場合には、当然附款は違法である。
5．誤り。瑕疵のある附款が本体の行政行為と分離可能である場合には、附款のみの取消訴訟を提起することが可能である。

正答　2

16

【No. 11】　行政調査に関する記述として、妥当なのはどれか。

1.　行政調査は、行政機関が行政目的を達成するために必要な情報を収集する活動であり、報告の徴収、立入検査、質問などがあるが、物件の収去は含まれない。

2.　行政調査の実施においては、当該調査が任意調査の場合であっても、法律の根拠が必要である。

3.　警察官が行う自動車検問は、相手方の任意の協力を求める形で、自動車の利用者を不当に制約しない方法及び態様で行われる場合に限り、適法とされている。

4.　行政調査において、罰則により調査の実効性が担保されている場合であっても、緊急を要するときは相手の抵抗を排除するための実力行使が認められる。

5.　犯則嫌疑者に対する犯則調査で収集された資料を同人に対する課税処分に使用することは、目的外使用となるため、許されないとされている。

【No. 12】　行政手続法に定める意見公募手続に関する記述として、妥当なのはどれか。

1.　行政手続法では、意見公募手続について、命令等制定機関が命令等を定める場合には、当該命令の案等をあらかじめ公示した上で、広く一般の意見を求めなければならないと規定している。

2.　意見提出期間は公示の日から起算して30日以上でなければならないが、命令等制定機関は、30日以上の期間を定めることのできないやむを得ない理由があるときは、30日を下回る期間を定めることができる。

3.　他の行政機関が意見公募手続を実施して定めた命令等と実質的に同一の命令等を定めようとするときは、他の行政機関が実施した意見公募手続において提出された意見を参考にしなければならない。

4.　命令等制定機関が命令等を定める場合に必要とされる意見公募手続における「命令等」には、内閣又は行政機関が定める法律に基づく命令及び処分の要件を定める告示は含まれるが、規則は含まれない。

5.　命令等制定機関が意見公募手続を実施して命令等を定めた場合には、当該命令等の公布と同時に提出意見等を公示しなければならないが、公示の方法は、情報通信の技術の利用及び公共団体の広報紙への掲載によるとされている。

【解説 No. 11】 I類事務、I類技術

1．誤り。問題文の前半は正しい。行政調査の方法には様々なものがあり、物件の収去も行政調査に含まれる。
2．誤り。任意調査については、法律の根拠がなくとも行うことができ、強制調査及び間接的に強制を伴う調査については、法律の根拠なくして行うことができないと考えられている。
3．正しい。
4．誤り。罰則規定が設けられている場合には、法は調査の実効性を罰則により担保しようとしているものと解されるため、相手の抵抗を排除するための実力行使は認められないと解される。
5．誤り。最高裁判所は、犯則嫌疑者に対し国税犯則取締法に基づく調査を行った場合、課税処分を行うため、その調査により収集された資料を利用することができるとしている。

正答　3

【解説 No. 12】 I類事務

1．誤り。命令等制定機関は、命令等を定めようとする場合には、当該命令等の案等をあらかじめ公示するだけでなく、意見の提出先及び意見提出期間を定めた上で、広く一般の意見を求めなければならず、この意見提出期間は、公示の日から起算して30日以上でなければならない。
2．正しい。
3．誤り。他の行政機関が意見公募手続を実施して定めた命令等と実質的に同一の命令等を定めようとするときは、意見公募手続を経る必要はない。
4．誤り。「命令等」には、内閣又は行政機関が定める法律に基づく命令及び処分の要件を定める告示とともに規則も含まれる。
5．誤り。行政手続法によると、「公示は、電子情報処理組織を使用する方法その他の情報通信の技術を利用する方法により行うものとする」とされており、広報紙に掲載することとされているわけではない。問題文の前半は正しい。

正答　2

18

【No. 13】　行政事件訴訟法に定める取消訴訟の判決の効力に関する記述として、妥当なのはどれか。

1.　取消判決が確定しても処分の効力は消滅せず、処分庁が判決に従い、当該処分を取り消さなければ、その効力は消滅しない。

2.　取消判決による処分の効力は当事者間では消滅するが、取消判決の効力は第三者には及ばない。

3.　取消判決の既判力について、行政事件訴訟法には民事訴訟法を準用する旨が明文で規定されている。

4.　取消判決の反復禁止効とは、行政庁が同じ事情の下で、同じ根拠により、同じ趣旨の処分を再び行うことができなくなる効力のことである。

5.　取消判決は、当該事件について、当該処分をした行政庁を拘束するが、当該事件に関係するその他の行政庁を拘束することはない。

【No. 14】　損失補償に関する記述として、妥当なのはどれか。

1.　損失補償における正当な補償について、土地収用法に基づいて土地を収用する場合では、収用の前後で財産価値を等しくする完全な補償をすべきであるとされている。

2.　損失補償とは、公務員の違法な公権力の行使により国民が被った損害を賠償することをいう。

3.　損失補償の請求には、法律に補償の規定が必要であるため、判例では憲法第29条第3項を根拠にして、補償を請求することはできないとされている。

4.　公用収用に伴う損失の補償については、収用される権利のみが補償の対象となり、移転料や調査費等の付随的損失については補償の対象外となっている。

5.　損失補償は代替地の提供等、現物補償に限られるため、金銭による補償はすることができないとされている。

【解説　No.　13】　　　　　　　　　　　　　Ⅰ類事務、Ⅰ類技術
1．誤り。取消訴訟において、取消判決が下された場合、行政処分の効力は
　処分時に遡及して失われる。そのため、取消判決確定後、処分庁が改めて
　判決の趣旨に従って処分を取り消す必要はない。これを取消判決の形成力
　という。
2．誤り。一般に判決の効力は当事者にしか及ばないのが原則であるが、取
　消訴訟の対象である処分は一定の公益性を有しており、画一的な紛争解決
　が求められるため、取消判決の効力は第三者にも及ぶとされている。これ
　を第三者効という。
3．誤り。行政事件訴訟法は取消判決の既判力について、明文規定を置いて
　いない。
4．正しい。
5．誤り。処分または裁決の取消判決は、その事件について、処分または裁
　決をした行政庁その他の関係行政庁を拘束する。これを取消判決の拘束力
　という。

正答　4

【解説　No.　14】　　　　　　　　　　　　　　　　　　Ⅰ類事務
1．正しい。
2．誤り。損失補償は原因行為が適法である場合の補償であり、公務員の違
　法な公権力の行使により国民が被った損害を賠償するのは、国家賠償であ
　る。
3．誤り。損失補償の請求が認められるためには法的根拠が必要であるが、
　仮に法律規定がない場合であっても、国民は直接、憲法第29条第3項を根
　拠にして損失補償の請求をすることができる。
4．誤り。公用収用に伴う損失の補償については、収用される権利のみでは
　なく、移転料や調査費等の付随的損失についても損失補償の対象になる。
5．誤り。土地収用法における損失補償は金銭補償を原則とし、例外的に代
　替地の提供等の補償方法も認められている。

正答　1

【No. 15】 行政事件訴訟法に定める4つの訴訟類型に関する記述として、妥当なのはどれか。

1. 当事者訴訟には、公法上の法律関係に関する確認の訴えその他の公法上の法律関係に関する訴訟である実質的当事者訴訟と形式的当事者訴訟の2つの類型がある。

2. 民衆訴訟とは、国又は公共団体の機関の法規に適合しない行為の是正を求める訴訟で、自己の法律上の利益に関わる資格で訴えを提起することができる。

3. 機関訴訟では、機関相互間における権限の存否等の紛争解決手段として、法律に定める者に限らずに訴えを提起することができる。

4. 抗告訴訟及び機関訴訟は、行政事件訴訟の訴訟類型としては、いずれも客観訴訟に分類される。

5. 主観訴訟とは、原告の個人的な権利利益との関係性に着目せずに、行政作用の適法性を担保することを目的とするものである。

【No. 16】 地方自治法に定める普通地方公共団体の事務に関する記述として、妥当なのはどれか。

1. 普通地方公共団体の事務は、固有事務、団体委任事務及び行政事務に区分されており、行政事務はさらに、自治事務、法定受託事務及び機関委任事務に区分される。

2. 第一号法定受託事務とは、普通地方公共団体が処理する事務のうち、普通地方公共団体自らが本来果たすべき役割に係るものであって、その適正な処理を確保する必要があるものとして法令で特に定めるものをいう。

3. 普通地方公共団体は、法令に違反しない限りにおいて、条例を制定することができるが、法定受託事務に関しては条例を制定することができない。

4. 各大臣は、所管する法令に係る都道府県の法定受託事務の処理について、都道府県が当該法定受託事務を処理するに当たりよるべき基準を定めることができる。

5. 法定受託事務に係る都道府県の執行機関の処分についての審査請求は、他の法律に特別の定めがある場合を除くほか、当該都道府県の知事又は当該処分に係る事務を規定する法令を所管する各大臣に対してするものとされる。

【解説 No. 15】　　　　　　　　　　　　　　Ⅰ類事務

1．正しい。
2．誤り。民衆訴訟は、選挙人たる資格その他自己の法律上の利益にかかわ
　　らない資格で提起するものをいう。問題文の前半は正しい。
3．誤り。機関訴訟は、法律に定める場合において、法律に定める者に限
　　り、提起することができる。
4．誤り。抗告訴訟は主観訴訟に分類される。客観訴訟に分類されるのは、
　　民衆訴訟及び機関訴訟である。
5．誤り。問題文の説明は主観訴訟ではなく、客観訴訟に関する説明であ
　　る。主観訴訟は、個人の具体的な権利保護を目的とする訴訟である。

正答　1

【解説 No. 16】　　　　　　　　　　　　　　Ⅰ類事務

1．誤り。普通地方公共団体の事務は、自治事務と法定受託事務に区分され
　　ている。
2．誤り。第一号法定受託事務とは、普通地方公共団体が処理する事務のう
　　ち、本来は国が果たすべき役割に係るものをいう。
3．誤り。普通地方公共団体は、法定受託事務に関しても条例を制定するこ
　　とができる。
4．正しい。
5．誤り。法定受託事務に係る都道府県の執行機関の処分についての審査請
　　求は、当該処分に係る事務を規定する法令を所管する各大臣に対してする
　　ものである。

正答　4

22

【No. 17】　地方自治法に定める規則に関する記述として、妥当なのはどれか。

1. 普通地方公共団体の長が定める規則については、当該普通地方公共団体の議会の議決を経なければならない。

2. 普通地方公共団体の長は、行政委員会の権限に属する事項について、法令等に特別の定めがなくても規則で直接定めることができる。

3. 普通地方公共団体の長は、公の施設の設置管理に関する事項について、法令等に特別の定めがなくても規則で直接定めることができる。

4. 普通地方公共団体の長が定める規則については、条例と異なり、原則として公布手続きは不要である。

5. 普通地方公共団体の長が定める規則については、条例と異なり、刑罰を科することはできない。

【No. 18】　地方自治法に定める普通地方公共団体の議会の議決に関する記述として、妥当なのはどれか。

1. 普通地方公共団体の議会は、地方自治法に列挙された事項に限り議決する権限を有するとされており、議決事件を追加することはできない。

2. 普通地方公共団体の議会は、契約の締結を議決する権限を有するが、その場合には、議決対象となる契約に係る予定価格の最低基準についても議決しなければならない。

3. 法律上の義務に属する損害賠償の額は、普通地方公共団体の議会の議決事件であるが、普通地方公共団体が民法上の賠償責任を負う場合は含まれない。

4. 普通地方公共団体の区域内の公共的団体等の活動の総合調整に関することは、普通地方公共団体の議会の議決事件である。

5. 普通地方公共団体の議会の権限に属する軽易な事項のうち、議決により特に指定したものについては、当該普通地方公共団体の長において専決処分にすることができ、その場合には、議会への報告も不要とされている。

【解説 No. 17】 　　　　　　　　　　　Ⅰ類事務、Ⅰ類技術

1．誤り。普通地方公共団体の長が定める規則は、議会の関与なしに長が定めることができる。
2．誤り。普通地方公共団体の長から独立した執行機関である行政委員会の権限に属する事項について、普通地方公共団体の長が規則を定めることはできない。
3．誤り。公の施設の設置管理に関する事項は条例で定めなければならない。
4．誤り。普通地方公共団体の長が定める規則も公布手続きは必要である。
5．正しい。

　　　　　　　　　　　　　　　　　　　　　　　　　正答　5

【解説 No. 18】 　　　　　　　　　　　Ⅰ類事務、Ⅰ類技術

1．誤り。普通地方公共団体の議会は、議決案件を追加する権限も有している。
2．誤り。議決対象の契約に係る予定価格の最低基準について議決する必要はない。
3．誤り。普通地方公共団体が民法上の損害賠償を負う場合も、普通地方公共団体の議会の議決事件である。
4．正しい。
5．誤り。議会への報告が必要である。

　　　　　　　　　　　　　　　　　　　　　　　　　正答　4

【No. 19】　地方自治法に定める普通地方公共団体の再議に関する制度についての記述として、妥当なのはどれか。

1.　普通地方公共団体の長は、普通地方公共団体の議会の議決について異議があるときは、否決された議決であっても、議決の日から10日以内に理由を示して、これを再議に付することができる。

2.　普通地方公共団体の議会において、条例の制定若しくは改廃又は予算に関する議決が再議に付されたときは、当該議会において出席議員の4分の3以上の者の同意がなければその議決は確定しない。

3.　普通地方公共団体の議会の議決又は選挙がその権限を超え又は法令若しくは会議規則に違反すると認めるときは、当該普通地方公共団体の長は、理由を示してこれを再議に付し又は再選挙を行わせなければならない。

4.　普通地方公共団体の議会が、法令により負担する経費を減額する議決をしたため、当該普通地方公共団体の長が再議に付してもなお、議会が当該経費を減額する議決をしたときは、長はその議決を不信任の議決とみなすことができる。

5.　普通地方公共団体の議会が、感染症予防のために必要な経費を減額する議決をしたため、当該普通地方公共団体の長が再議に付してもなお、議会が当該経費を減額する議決をしたときは、長は減額後の経費を予算に計上しなければならない。

【解説　No.　19】　　　　　　　　　　　　　　　Ⅰ類事務

1．誤り。否決された議決については、再議に付すことはできない。

2．誤り。条例の制定若しくは改廃または予算に関する議決が再議に付され
たときは、当該議会において出席議員の３分の２以上の者の同意がなけれ
ば議決は確定しない。

3．正しい。

4．誤り。普通地方公共団体の長が法令負担経費に係る再議決をした場合
は、長に原案執行権が生じる。

5．誤り。感染症予防経費に減額に係る議決を、普通地方公共団体の長が再
議に付してなお、議会が当該経費を減額する議決をしたときは、不信任議
決とみなす。

　　　　　　　　　　　　　　　　　　　　　　　　　　正答　　3

地方自治制度

【No. 20】 普通地方公共団体の長に関する記述として、妥当なのはどれか。

1. 普通地方公共団体の長の被選挙権は、都道府県知事の場合、日本国民で、当該普通地方公共団体の住民であり、年齢満30歳以上の者が有する。

2. 普通地方公共団体の長は、地方公共団体の議会の議員並びに常勤の職員及び短時間勤務職員と兼ねることができない。

3. 普通地方公共団体の長が退職しようとするときは、選挙管理委員会に申し出なければならない。

4. 普通地方公共団体の長は、法定受託事務の管理執行に関して、国の主務大臣等の指揮監督を受ける。

5. 普通地方公共団体の長は、当該普通地方公共団体を統括する立場にあるため、長が管理し、執行する事務についての具体的な定めはない。

【No. 21】 普通地方公共団体の予算に関する記述として、妥当なのはどれか。

1. 地方自治法においては純計予算主義の原則が貫かれており、一年間における一切の収入及び支出は、すべてこれを歳入歳出予算に編入しなければならないとされる。

2. 特別会計とは、普通地方公共団体が特定の事業を行う場合、その他特定の歳入をもって特定の歳出に充て一般の歳入歳出と区分して経理する必要がある場合に、条例により設置する会計のことである。

3. 継続費とは、歳出予算の経費のうち、性質上又は予算成立後の事由に基づき年度内に支出を終わらない見込みのあるものについて、予算の定めるところにより翌年度に繰り越して使用することができるものをいう。

4. 繰越明許費とは、歳出予算の経費をもって支弁する事件でその履行に数年度を要するものについて、予算の定めるところによりその経費の総額及び年割額を定め、数年度にわたって支出することができるものをいう。

5. 普通地方公共団体の長は、当該普通地方公共団体の予算について調製する権限を有するが、教育委員会、公安委員会、選挙管理委員会その他行政委員会の所管に係る予算については調製することができないとされる。

【解説　No.　20】　　　　　　　　　　　　　Ⅰ類事務

1．誤り。普通地方公共団体の長の被選挙権に、住所要件はない。
2．正しい。
3．誤り。普通地方公共団体の長が退職しようとするときは、議会の議長に申し出る必要がある。
4．誤り。法定受託事務の管理執行に関して、国の主務大臣等の指揮監督を受けない。
5．誤り。普通地方公共団体の長の執行する事務については、議決事件の提出や予算の調製、執行など具体的な定めがある。

正答　2

【解説　No.　21】　　　　　　　　　　Ⅰ類事務、Ⅰ類技術

1．誤り。普通地方公共団体の予算は総計予算主義の原則が貫かれている。
2．正しい。
3．誤り。繰越明許費の説明である。
4．誤り。継続費の説明である。
5．誤り。普通地方公共団体の長は、地方公営企業予算を調製することもできない。

正答　2

【No. 22】　地方自治法に定める会計年度に関する記述として、妥当なのはどれか。

1.　普通地方公共団体の会計年度は、毎年1月1日に始まり、同年12月31日に終わる。

2.　各会計年度において決算上剰余金が生じることがあり、これを歳計剰余金というが、会計年度独立の原則により、歳計剰余金を翌年度に繰り越すことは禁じられている。

3.　会計年度経過後から4月30日までの期間を出納整理期間といい、この期間には、当該会計年度に属する出納を行うことができる。

4.　支出の会計年度所属区分について、給与の所属年度は、実際に支給した日の属する年度とされている。

5.　会計年度経過後にいたって歳入が歳出に不足するときは、翌年度の歳入を繰り上げてこれに充てることができるが、この場合にはそのために必要な額を翌年度の歳入歳出予算に編入しなければならない。

【No. 23】　地方自治法に定める基金に関する記述として、妥当なのはどれか。

1.　普通地方公共団体は、規則の定めるところにより、特定の目的のために財産を維持し、資金を積み立て、又は定額の資金を運用するための基金を設けることができる。

2.　普通地方公共団体は、特定の目的のために資金を積み立てるための基金を設けた場合であっても、当該基金から生ずる収益であれば、目的外にこれを処分することができる。

3.　普通地方公共団体が、定額の資金を運用するための基金を設ける場合には、その設置及び設置後の原資金の運用については、全て予算執行の形式をとらなければならない。

4.　普通地方公共団体が設けた基金の運用から生ずる収益及び基金の管理に要する経費は、それぞれ毎会計年度の歳入歳出予算に計上しなければならない。

5.　普通地方公共団体が設けた基金に属する現金の出納及び基金に属する有価証券の保管は、当該地方公共団体の長の権限である。

【解説　No.　22】　　　　　　　　　　　　Ⅰ類事務、Ⅰ類技術

1．誤り。普通地方公共団体の会計年度は毎年4月1日に始まり、翌年3月
　31日に終わる。
2．誤り。歳計剰余金を翌年度に繰り越すことは例外として認められてい
　る。
3．誤り。出納整理期間は5月31日までである。
4．誤り。給与の所属年度は、支給すべき事実の生じた時の属する年度とさ
　れている。
5．正しい。

正答　5

【解説　No.　23】　　　　　　　　　　　　Ⅰ類事務、Ⅰ類技術

1．誤り。条例を定めるところにより、基金を設けることができる。
2．誤り。特定の目的のために資金を積み立てるための基金を設けたのであ
　れば、当該目的のためでなければ処分することはできない。
3．誤り。定額の資金を運用するための基金を設ける場合、設置及び設置後
　の原資金の運用については、定額の予算を計上して基金へ繰り入れ、予算
　とは無関係に運用される。
4．正しい。
5．誤り。基金に属する現金及び有価証券の管理は、東京都の区域内に本店
　または支店を有する銀行その他の金融機関へ預金するものとする。

正答　4

地方自治制度

【No. 24】　地方自治法に定める普通地方公共団体の協議会に関する記述として、妥当なのはどれか。

1.　普通地方公共団体は、事務の管理及び執行について連絡調整を図るため、協議会を設置することができるが、この協議会の設置に当たっては、関係する普通地方公共団体の議会の議決を経なければならない。

2.　普通地方公共団体の協議会が作成した広域にわたる総合的な計画は、法的拘束力を持ち、計画に従わない関係普通地方公共団体には罰則が適用できる旨、規定されている。

3.　普通地方公共団体の協議会の会長及び委員は、一般職でかつ常勤の関係地方公共団体の職員から選任することとされており、特別職や非常勤の職員は選任することができない。

4.　普通地方公共団体の事務の一部を共同して管理し及び執行するための協議会を設ける場合の協議会の規約には、当該協議会の担任する事務に従事する関係普通地方公共団体の職員の身分取扱いについて必要に応じて定めることができる。

5.　普通地方公共団体の協議会が、関係普通地方公共団体又はその長その他の執行機関の名においてした事務の管理及び執行は、関係普通地方公共団体の長その他の執行機関が管理し及び執行したものとしての効力を有する。

【No. 25】　地方自治法に定める財産区に関する記述として、妥当なのはどれか。

1.　財産区とは、市町村及び特別区の一部において、財産又は公の施設の管理や処分を行う普通地方公共団体である。

2.　財産区は、原則として固有の議決機関や執行機関を設置し、設置できない場合に限り、財産区の存する市町村等の議会や執行機関が権能を行使する。

3.　財産区は、総会を設けた場合に限り、条例又は財産処分に関する協議に基づき財産区管理会を設置することができる。

4.　財産区の財産又は公の施設に関し特に要する経費は財産区が負担し、財産区の収支は市町村又は特別区の会計と分別しなければならない。

5.　財産区の財産又は公の施設から生ずる収入は、当該市町村又は特別区の収入に充てなければならない。

【解説　No.　24】　　　　　　　　　　　　　Ⅰ類事務、Ⅰ類技術

1．誤り。事務の管理及び執行について連絡調整を図るため、普通地方公共団体の協議会を設ける場合は、議会の議決を経なくてもよい。

2．誤り。計画に従わない関係普通地方公共団体には罰則が適用できる旨の規定はない。

3．誤り。協議会の会長及び委員は、常勤または非常勤とし、関係普通地方公共団体の職員のうちから選任する。

4．誤り。普通地方公共団体の事務の一部を共同して管理し及び執行するための協議会を設ける場合の規約には、当該協議会の担当する事務に従事する普通地方公共団体の職員の身分取り扱いについて規定を設けなければならない。

5．正しい。

正答　5

【解説　No.　25】　　　　　　　　　　　　　　　　　　　Ⅰ類事務

1．誤り。財産区は普通地方公共団体ではなく、特別地方公共団体である。

2．誤り。財産区は通例、財産区の存する市町村等の議会や執行機関が権能を行使する。

3．誤り。都道府県知事が必要と認める場合に、財産区議会または総会を設けることができ、これらを設けていない場合は、財産区管理会を設置することができる。

4．正しい。

5．誤り。財産区の財産又は公の施設から生ずる収入は、当該市町村又は特別区の収入に充てることができる。

正答　4

【No. 26】　地方公務員法に定める任命権者に関する記述として、妥当なのはどれか。

1.　地方公務員法は、任命権者として、地方公共団体の長、議会の議長、会計管理者、教育委員会、公安委員会等を限定列挙している。

2.　教育委員会の委員の任命権者は地方公共団体の長であるが、教育長及び教育委員会事務局の事務職員の任命権者は、教育委員会である。

3.　都道府県警察の警視正以上の階級にある者を除く他の職員の任命権者は公安委員会であり、警視正以上の階級にある者の任命権者は、国家公安委員会である。

4.　任命権者から任命権の一部の委任を受けることができる者は、当該任命権者の補助機関である上級の地方公務員に限られる。

5.　任命権者は、職員の任用等の人事行政の運営状況を、毎年、人事委員会又は公平委員会に報告しなければならない。

【No. 27】　地方公務員法に定める平等取扱いの原則に関する記述として、妥当なのはどれか。

1.　本原則は外国人にも適用されるため、公権力の行使が想定される管理職の昇任選考の受験資格に国籍要件を設けることは違法と解されている。

2.　本原則に関する合理的取扱いとして、成年被後見人等は、職員となり、又は競争試験若しくは選考を受けることはできないと規定されている。

3.　本原則の例外として、地方公共団体の重要な施策に参画する職に限り、外国の国籍を有する者を任用することはできないと解されている。

4.　本原則は絶対的な平等を保障するものではなく、政治上・道徳上の主義・信念は、禁止される差別事由には含まれないと解されている。

5.　本原則の規定に違反して差別した者は、1年以下の懲役又は50万円以下の罰金に処せられる。

【解説　No. 26】　　　　　　　　　　Ⅰ類事務、Ⅰ類技術、Ⅱ類

1．誤り。任命権者として、地方公共団体の長、議会の議長、会計管理者、教育委員会、公安委員会等を例示列挙している。

2．誤り。教育長についても地方公共団体の長が任命する。

3．誤り。都道府県警察の警視正以上の階級にある者を除く他の職員の任命権者は警視総監、道府県警察本部長である。

4．正しい。

5．誤り。任命権者は、職員の任用等の人事行政の運営状況を、毎年、地方公共団体の長に報告しなければならない。

正答　4

【解説　No. 27】　　　　　　　　　　Ⅰ類事務、Ⅰ類技術、Ⅱ類

1．誤り。本原則は、外国人には適用されないとされている。

2．誤り。本原則に関する合理的取り扱いとして、成年被後見人等も、職員となり、または競争試験若しくは選考を受けることができる。

3．誤り。本原則の例外として、地方公共団体の重要な施策に参画する職に限り、外国の国籍を有する者を任用することができる。

4．誤り。政治上・道徳上の主義・信念も禁止される差別事由に含まれる。

5．正しい。

正答　5

員地
制方
務公
度

【No. 28】　地方公務員法に定める任用に関する記述として、妥当なのはどれか。

1.　人事委員会を置く地方公共団体は、職員の採用は原則として競争試験により実施し、職員の昇任は選考により実施しなければならない。

2.　採用試験は、人事委員会等の定める受験資格を有する全ての国民に対して平等の条件で公開されなければならないが、昇任試験は、人事委員会等の指定する職に正式に任用された職員に限り、受験することができる。

3.　任命権者は、職員の職に欠員を生じた場合には、採用、昇任及び転任のいずれかの方法により職員を任命できるが、降任の方法で任命することはできない。

4.　職員の採用における競争試験の他の地方公共団体との共同実施は、人事委員会を置かない地方公共団体については人事行政の円滑な運営という見地から認められているが、人事委員会を置く地方公共団体には認められていない。

5.　競争試験とは不特定多数の者の競争による得点の優劣に基づく選抜方法であるが、選考とは競争試験以外の能力の実証に基づく選抜方法であり、職務遂行能力と適性を判定する手段として、両者は本質的に異なるものである。

【No. 29】　地方公務員法に定める人事評価に関する記述として、妥当なのはどれか。

1.　人事評価の根本基準とは、任命権者は、職員の執務について定期的に勤務成績の評定を行い、その評定の結果に応じた措置を講じなければならないことをいう。

2.　勤務成績の評価における目標設定については、人事評価の公正性の観点から、すべての目標について数値目標を設定しなければならないとされている。

3.　人事評価における公正の原則とは、かたよりや差別がなく、すべてのものが一様で等しいことを意味している。

4.　人事評価の基準及び方法に関する事項は、任命権者が定めることとされているが、任命権者が地方公共団体の長及び議会の議長以外の者であるときは、人事委員会に協議しなければならないとされている。

5.　人事評価制度は、勤務評定の結果が任用、給与などに結びつくことにより、職員の勤務条件に影響を及ぼすことはあり得るが、制度自体は勤務条件そのものとはいえないので、勤務条件の措置要求の対象にはならないとされている。

【解説　No.　28】　　　　　　　　　　　　　　　Ⅰ類事務

1．誤り。人事委員会を置く地方公共団体は、職員の選考は競争試験または選考により実施しなければならない。

2．正しい。

3．誤り。職員の職に欠員を生じた場合には、採用、昇任、降任または転任のいずれかで職員を任命することができる。

4．誤り。職員の採用における競争試験の他の地方公共団体との共同実施は、人事委員会を置く地方公共団体にも認められている。

5．誤り。競争試験、選考は両者とも職務遂行能力と適性を判断する手段である。

正答　2

【解説　No.　29】　　　　　　　　　　　　　　　Ⅰ類事務

1．誤り。本文は人事評価の根本基準ではなく、人事評価の実施と人事評価に基づく措置についての記載である。

2．誤り。数値目標を設定しなければならないという規定はない。

3．誤り。全てのものが一様で等しいことを公正というのではない。

4．誤り。人事評価の基準及び方法に関する事項は、任命権者が地方公共団体の長及び議会の議長以外の者である時は、地方公共団体の長に協議しなければならないとされている。

5．正しい。

正答　5

【No. 30】　地方公務員法に定める分限に関する記述として、妥当なのはどれか。

1.　分限処分には、降任、免職、休職及び戒告の4種類が定められており、いずれの処分にするかに関しては、任命権者の裁量権が認められている。

2.　任命権者は、職員が刑事事件に関して起訴された場合は、その意に反して休職処分を行うことができるが、刑事休職中に、懲戒処分を行うことはできないとされている。

3.　分限処分としての免職は、退職手当が支給され、分限処分としての休職は、休職中、条例で別段の定めをしない限り、給与が支給されない。

4.　職制若しくは定数の改廃又は予算の減少により廃職又は過員を生じた場合は、職員を免職することができるが、その復職について、他の一般の採用と異なる優先的な取扱いをすることは認められていない。

5.　任命権者は、休職処分を受けている職員に対して、当該休職中は休職事由に応じて相当の給与を支給する場合があるため、定数に関する条例において、休職者を定数外として扱ってはならない。

【解説　No.　30】　　　　　　　　Ⅰ類事務、Ⅰ類技術、Ⅱ類

1．誤り。分限処分には、降任、免職、休職及び降給の4種類が定められている。

2．誤り。職員が刑事事件に関して起訴された場合でも、懲戒処分を行うことができる。

3．正しい。

4．誤り。職制若しくは定数の改廃または予算の減少に基づく廃職または過員によりその職を離れた後において、再びその職に復する場合における資格要件、採用手続き及び採用の際における身分に関し必要な事項を定めることができる。

5．誤り。休職中の職員は、定数に関する条例において、定数外として扱っている。

正答　3

地方公務員制度

【No. 31】 地方公務員法に定める退職管理に関する記述として、妥当なのはどれか。

1. 退職管理の規定における再就職者とは、職員であった者で離職後に営利企業等の地位に就いている者をいい、この職員には非常勤職員は全て含まれるが、条件付採用期間中の職員は含まれない。

2. 退職管理の規定における営利企業等とは、営利企業及び営利企業以外の法人をいい、国、国際機関、地方公共団体、独立行政法人通則法に規定する行政執行法人及び特定地方独立行政法人は、営利企業以外の法人に含まれる。

3. 再就職者は、契約等事務であって離職前3年間の職務に属するものに関し、離職後3年間、現職職員に対し職務上の行為をするように、又はしないように要求し、又は依頼してはならない。

4. 再就職者のうち、普通地方公共団体の長の直近下位の内部組織の長に就いていた者については、当該地方公共団体の規模に応じて、条例に基づき、在職時の職制上の段階が上位であったことによる上乗せ規制を定めることができる。

5. 職員は、原則として、再就職者から法律で禁止される要求又は依頼を受けたときは、人事委員会又は公平委員会にその旨を届け出なければならず、この届出をしなかったときには、懲戒処分の対象となることもあり得る。

【解説 No. 31】　　　　　　　　　Ⅰ類事務、Ⅰ類技術、Ⅱ類

1．誤り。退職管理の規定における再就職者に、条件付採用期間中の職員及び非常勤職員は含まれない。

2．誤り。国、国際機関、地方公共団体、独立行政法人通則法に規定する行政執行法人及び特定地方独立行政法人は、営利企業以外の法人から除外されている。

3．誤り。離職前5年間の職務に属するものに関し、離職後2年間、職務上の行為をするように、またはしないように要求し、または依頼してはならない。

4．誤り。普通地方公共団体の長の直近下位の内部組織の長に就いていた者についても、地方公務員法において規定されている。

5．正しい。

正答　5

40

【No. 32】　地方公務員の公務災害補償制度に関する記述として、妥当なのはどれか。

1.　地方公務員法では、公務災害補償が迅速かつ公正に実施されることを確保するための制度の実施が規定されており、これに基づき地方公務員災害補償法が制定され、職員の公務による損害の補償に関する具体的事項が明記された。

2.　地方公務員災害補償法に基づき設置された地方公務員災害補償基金が行う補償制度の対象となる職員は、一般職・特別職を問わず、全ての常勤職員及び非常勤職員となっている。

3.　地方公務員災害補償基金が設置されたことにより、常勤の職員、議会の議員、各種行政委員会の委員及びその他の非常勤職員は、全国的に同一の補償が行われることになった。

4.　公務災害補償には、公務上と通勤途上の災害補償とがあり、補償認定の要件は、いずれの場合も職員が受けた災害が公務遂行性と公務起因性を有していることが求められている。

5.　職員の死亡や負傷、疾病等が公務災害に該当するか否かは、公務災害補償を受けようとする者の請求に基づき、地方公共団体の長又は地方公営企業の管理者が認定し、使用者側の無過失責任主義をとっている。

【解説　No.　32】　　　　　　　　　Ⅰ類事務、Ⅰ類技術、Ⅱ類

1．正しい。

2．誤り。地方公務員災害補償法の適用を受ける職員は常勤職員であり、非常勤職員に対する補償制度は各地方公共団体が条例で定めることとなっている。

3．誤り。議会の議員、非常勤の行政委員会の委員等に対する補償は、地方公務員災害補償法に基づく条例により地方公共団体が実施するため、全国的に同一の補償が行われているとは言えない。

4．誤り。公務上の災害補償の認定には、公務遂行性と公務起因性を有している必要がある。

5．誤り。請求に基づき認定するのは知事である。地方公営企業の場合は、任命権者を経由して知事に認定を求める請求を行う。

正答　　1

【No. 33】 地方公務員法に定める不利益処分に関する記述として、妥当なのはどれか。

1. 不利益処分に関する審査請求は、条件付採用期間中の職員、臨時的に任用された職員及び退職した職員は行うことができない。

2. 分限処分の効力は、不利益処分の事由を記載した説明書が交付されたときに発生し、この説明書の交付なしに行われた当該処分は、説明書を本人に交付するまでその効力が生じない。

3. 懲戒その他その意に反すると認める不利益な処分を受けた職員は、人事委員会又は公平委員会に対してのみ審査請求をすることができると定められている。

4. 不利益処分を受けた職員は、審査請求前置主義がとられているため、人事委員会又は公平委員会に審査請求をしなければならず、その裁決を経た後でなければ、不利益処分の取消しの訴えを提起することはできない。

5. 審査請求は、不利益処分があったことを知った日から起算して3月以内にしなければならず、不利益処分があった日から起算して1年を経過したときは、することはできない。

【解説　No.　33】　　　　　　　　　　Ⅰ類事務、Ⅰ類技術、Ⅱ類

1．誤り。不利益処分に関する審査請求は、条件付採用期間中の職員及び臨時的に任用された職員は行うことができないが、退職した職員は行うことができる。

2．誤り。説明書の交付は教示としての機能を果たすもので、処分の効力に影響はない。

3．正しい。

4．誤り。不利益処分を受けた職員は、人事委員会または公平委員会に審査請求をすることができ、その裁決を経た後でなければ、不利益処分の取消しの訴えを提起することはできない。

5．誤り。審査請求は、不利益処分があったことを知った日の翌日から起算して3月以内にしなければならず、不利益処分があった日の翌日から起算して1年を経過したときは、することはできない。

正答　3

地方公務員制度

【No. 34】　地方公務員法に定める職員団体等に関する記述として、妥当なのはどれか。

1. 職員団体はその主たる構成員が一般職員であればよいことから、民間企業の勤労者や消防職員の職員団体への加入が認められており、したがって、これらの者が若干名加入している職員団体であっても登録職員団体となることができる。

2. 職員団体は、人事委員会又は公平委員会において登録を受けた時は、その登録自体の効果として法人格を取得するとともに、勤務条件に関する措置の要求の当事者になることができる。

3. 地方公共団体の当局は、非登録の職員団体から適法な交渉の申入れがあった場合には、交渉の申入れに応じてはならないと解されている。

4. 単純労務職員は、労働組合法及び労働関係調整法が適用されるため、職員団体を結成することはできない。

5. 地方公共団体の長は、地方公営企業において当該地方公共団体の条例に抵触する団体協約が締結されたときは、その協約が条例に抵触しなくなるために必要な条例の改廃の議案を議会に付議し、議決を求めなければならない。

【No. 35】　地方公務員に関係のある法令等に関する記述として、妥当なのはどれか。

1. 地方公営企業等の労働関係に関する法律の適用対象に、地方公営企業の職員及び単純労務職員は含まれるが、特定地方独立行政法人の職員は含まれない。

2. 地方公務員法では、労働組合法、労働関係調整法及び最低賃金法並びにこれらに基づく命令の規定は、職員に関して適用しないと定めているが、この職員には、企業職員も含まれる。

3. 地方独立行政法人法が定める特定地方独立行政法人の職員は、特別職の地方公務員であるが、その役員は地方公務員としての身分を有しない。

4. 地方公営企業の職員及び単純労務職員には、地方公営企業等の労働関係に関する法律が適用されるため、争議権は禁止されていない。

5. 地方公務員法では、その職務と責任の特殊性に基づいて地方公務員法に対する特例を必要とするものについては、別に法律で定めるとして、公立学校の教職員、単純な労務に雇用される者が明記されている。

【解説　No.　34】　　　　　　　　　　　Ⅰ類事務、Ⅰ類技術、Ⅱ類

1．誤り。職員団体は同一の地方公共団体に属する警察職員及び消防職員以
　外の職員のみをもって組織されていることを必要とする。

2．誤り。職員団体は法人となる旨を人事委員会または公平委員会に申し出
　ることにより法人となることができる。登録自体に法人格取得の効果があ
　るわけではない。

3．誤り。職員団体は登録を受けているか否かにかかわらず、当局と交渉を
　行うことができる。

4．誤り。単純労務職員は職員団体を結成することができる。

5．正しい。

正答　5

【解説　No.　35】　　　　　　　　　　　Ⅰ類事務、Ⅰ類技術、Ⅱ類

1．誤り。ここでいう職員とは、地方公営企業または特定地方独立行政法人
　に勤務する一般職に属する地方公務員をいう。

2．誤り。企業職員は含まれない。

3．誤り。特定地方独立行政法人の役員及び職員は、いずれも地方公務員と
　しての身分を有する。

4．誤り。地方公営企業等の労働関係に関する法律では、職員の争議行為を
　禁止している。

5．正しい。

正答　5

地方公務員制度

【No. 36】　都の行政委員会に関する記述として、妥当なのはどれか。

1.　行政委員会は知事への権限の集中による弊害を防ぐため知事から独立した機関とされ、地方自治法では知事の所轄の下に置いてはならない旨を規定している。

2.　選挙管理委員会は地方公務員法に基づき設置され、委員は、都議会の同意を得て知事が任命する。

3.　人事委員会は地方自治法に基づき設置され、委員は、都議会の選挙により選任される。

4.　公安委員会は警察法に基づき設置され、委員は、国家公安委員会委員長の同意を得て知事が任命する。

5.　収用委員会は土地収用法に基づき設置され、委員は、都議会の同意を得て知事が任命する。

【No. 37】　次のA～Eのうち、地方公務員法に定める特別職に属する公務員の組合せとして、妥当なのはどれか。

A　監査委員

B　地方公営企業の管理者

C　都立学校の教職員

D　東京消防庁職員

E　警視庁職員

1.　A、B

2.　A、C

3.　B、D

4.　C、E

5.　D、E

【解説 No. 36】 Ⅰ類事務、Ⅰ類技術、Ⅱ類

1. 誤り。行政委員会は、知事への権限の集中による弊害を防ぐため、知事から独立した執行機関であることは正しいが、地方自治法ではこれらの執行機関も知事の所轄の下に置かれる旨を規定している（『職員ハンドブック2023』86ページ）。

2. 誤り。選挙管理委員会は、地方自治法に基づき設置され、委員は、都議会の選挙により選任される（『職員ハンドブック2023』87ページ）。

3. 誤り。人事委員会は、地方公務員法に基づき設置され、委員は、都議会の同意を得て知事が任命する（『職員ハンドブック2023』87ページ）。

4. 誤り。公安委員会は警察法に基づき設置されることは正しいが、委員は、都議会の同意を得て知事が任命する（『職員ハンドブック2023』87ページ）。

5. 正しい（『職員ハンドブック2023』88ページ）。

正答 5

【解説 No. 37】 Ⅰ類事務、Ⅰ類技術、Ⅱ類

1. 正しい（『職員ハンドブック2023』159〜160ページ）。

2. 誤り。都立学校の教職員は一般職（『職員ハンドブック2023』159〜160ページ）。

3. 誤り。東京消防庁職員は一般職（『職員ハンドブック2023』160ページ）。

4. 誤り。都立学校の教職員及び警視庁職員は一般職（『職員ハンドブック2023』160ページ）。

5. 誤り。東京消防庁職員及び警視庁職員は一般職（『職員ハンドブック2023』160ページ）。

正答 1

都
政
実
務

48

【No. 38】　都における職員の休日及び休暇等に関する記述として、妥当なのはどれか。

1.　休日とは、労働基準法第35条の休日に当たるものであり、本来職員が勤務する
　　義務を課せられていない日（正規の勤務時間を割り振られていない日）をいう。

2.　病気休暇の期間は、療養のために勤務しないことがやむを得ないと認められる
　　期間であり、1回につき引き続く30日間に限り給与の減額が免除される。

3.　介護休暇は、職員が配偶者又は2親等以内の親族を介護する必要がある場合に
　　取得できる休暇であり、被介護者との同居が取得の条件となっている。

4.　育児時間は、職員が3歳に満たない子を養育するため、育児休業法で定める勤
　　務形態に応じて、勤務する日及び時間帯を選択できる制度である。

5.　配偶者同行休業は、職員が海外で勤務等をする配偶者と外国において生活を共
　　にするため休業できる制度であり、休業の期間中は、給与は支給されない。

【No. 39】　都における職員の旅費に関する記述として、妥当なのはどれか。

1.　旅費は、公務旅行中に必要とされる交通費、宿泊料等の費用に充てるため支給
　　するもので、その性格は実費の弁償と解され、税法上非課税とされている。

2.　旅行は、出張、赴任及びその他の公務旅行に分類され、このうち旅費の支給対
　　象となるのは、出張及び赴任に限られている。

3.　旅費の支給は、確定払が原則であり、多額の経費を要する旅行などにあっても、
　　確定払によらなければならないとされている。

4.　旅行雑費は、旅行中の通信連絡費等の諸雑費に充てるため、引き続く5時間以
　　上の近接地外旅行の場合に限り支給される。

5.　宿泊料は、原則として実費が支給されるが、職務の級及び用務地の地域区分に
　　応じて支給額に上限が設けられている。

【解説　No.　38】　　　　　　　　　　　　Ⅰ類事務、Ⅰ類技術、Ⅱ類

1．誤り。休日とは、特に勤務することを命ぜられる場合を除き、正規の勤務時間においても勤務することを要しない日をいう（『職員ハンドブック2023』253ページ）。問題文の記述は週休日についての説明である（『職員ハンドブック2023』252ページ）。

2．誤り。病気休暇の期間は、療養のために勤務しないことがやむを得ないと認められる必要最少限度の期間であることは正しいが、給与の減額を免除される期間は、1回につき引き続く90日までである（『職員ハンドブック2023』255ページ）。

3．誤り。介護休暇は、配偶者または2親等以内の親族を介護する必要がある場合に取得できる休暇であることは正しいが、被介護者は必ずしも職員と同居していることを要しない（『職員ハンドブック2023』260ページ）。

4．誤り。育児時間は、生後1年3か月に達しない生児を育てる職員に対して、哺育のために勤務時間中に与えられる休暇である（『職員ハンドブック2023』256ページ）。3歳に満たない子を養育するための制度は育児休業であり（『職員ハンドブック2023』261ページ）、育児休業法で定める勤務形態により、希望する日及び時間帯において勤務することができる制度は育児短時間勤務である（『職員ハンドブック2023』263ページ）。

5．正しい（『職員ハンドブック2023』263ページ）。　　　　　　正答　5

【解説　No.　39】　　　　　　　　　　　　Ⅰ類事務、Ⅰ類技術、Ⅱ類

1．正しい（『職員ハンドブック2023』242ページ）。

2．誤り。その他の公務旅行も旅費の支給対象となる（『職員ハンドブック2023』242ページ）。

3．誤り。旅費の支給は確定払が原則であることは正しいが、多額の経費を要する旅行などにあっては概算払によることができる（『職員ハンドブック2023』243ページ）。

4．誤り。旅行雑費は近接地外旅行のみならず、近接地内旅行においても、公務上の必要によりやむを得ず負担した通話料金等の額が支給される（『職員ハンドブック2023』244ページ）。

5．誤り。宿泊料は、原則として定額により支給される。ただし、定額を超える料金で宿泊する場合には増額することもでき、実費弁償の徹底が図られている（『職員ハンドブック2023』244～246ページ）。　　　正答　1

都政実務

【No. 40】　都における文書の施行に関する記述として、妥当なのはどれか。

1.　文書の施行とは、当該起案文書により決定された事案に係る事務事業を実施することをいう。

2.　文書の施行に関する事務は、浄書・照合・公印・発送・保存の5つであり、文書施行の事務に当たっては、正確かつ迅速な処理に努めなければならない。

3.　決定された起案文書の内容を施行するために清書することを浄書、決定された起案文書と浄書文書が同一かどうかを確認することを照合というが、電子決定方式により決定された事案については、浄書及び照合は不要とされている。

4.　対内文書のほか、庁外文書であっても、法律効果を伴わない単なる事実の通知、照会、回答等の軽易なもの等については、公印を省略することができる。

5.　施行に用いる文書のうち、秘密の取扱いを必要とする文書を発送する際は、原則として、文書を作成した組織の職員が送付先の組織に直接持参する使送の方法をとらなければならない。

【No. 41】　都における秘密文書に関する記述として、妥当なのはどれか。

1.　秘密文書とは、各局の文書課長が秘密の取扱いをする必要がある文書等として、主務課長が定める実施細目に従い指定した文書をいい、特定秘密指定管理簿、秘密文書及び時限秘の秘密文書の3種類がある。

2.　秘密の取扱いをする必要があるとして秘密文書の指定を行う際には、主務課長は事前に文書課長に協議しなければならない。

3.　時限秘の秘密文書は、当該期限が到来しただけでは秘密の指定が解除されず、主務課長が指定を解除しなければならない。

4.　秘密文書は、配布目的を事前に明らかにした上で、主務課長の許可を受けることにより配布が可能となる。

5.　秘密文書は、電子文書である場合には、文書総合管理システムにおけるその秘密の保持に努め、それ以外の公文書については、他の公文書と区別し、施錠のできる金庫、ロッカー等に厳重に保管しておかなければならない。

【解説　No.　40】　　　　　　　　　　Ⅰ類事務、Ⅰ類技術、Ⅱ類

1．誤り。文書の施行とは、決定された事案について、相手方に対し、文書で意思・事実を伝達することをいう（『職員ハンドブック2023』366ページ）。

2．誤り。文書の施行に関する事務は、浄書・照合・公印・発送の事務であり、事案によっては公報登載・印刷物作成の事務も含まれるが、保存は含まれない（『職員ハンドブック2023』366ページ）。

3．誤り。決定された起案文書の内容を、施行するため清書することを浄書、決定された起案文書と浄書文書が同一かどうかを確認することを照合ということは正しいが、電子決定方式により決定された事案についても適正に浄書し、照合する必要がある（『職員ハンドブック2023』366〜367ページ）。

4．正しい（『職員ハンドブック2023』367ページ）。

5．誤り。秘密の取り扱いを要する文書を発送する場合には、当該文書を封筒に入れて密封し、その旨を表示して発送しなければならない。使送のみならず、郵送等によることもできる（『職員ハンドブック2023』368ページ）。

正答　4

【解説　No.　41】　　　　　　　　　　Ⅰ類事務、Ⅰ類技術、Ⅱ類

1．誤り。秘密文書とは、主務課長が秘密の取り扱いをする必要がある公文書として、各局長が定める実施細目に従い指定するものであり、秘密文書と時限秘の秘密文書との2種類がある（『職員ハンドブック2023』374ページ）。

2．誤り。秘密文書の指定は、主務課長が秘密の取り扱いをする必要があると認める場合に行う。文書課長に協議する必要はない（『職員ハンドブック2023』374ページ）。

3．誤り。時限秘の秘密文書については、当該期限の到来により、指定が解除されたものとみなす（『職員ハンドブック2023』375ページ）。

4．誤り。秘密文書の配布に際しては、作成部数及び配布先を明らかにしておかなければならない。また、秘密文書の全部または一部を複写する場合は、主務課長の許可を受けなければならない（『職員ハンドブック2023』375ページ）。

5．正しい（『職員ハンドブック2023』375ページ）。

正答　5

都政実務

【No. 42】　都の契約の履行に関する記述として、妥当なのはどれか。

1.　部分払とは、工事若しくは製造その他についての請負契約に係る既済部分又は物件の買入契約に係る既納部分に対し、その代価の一部を支払うことをいう。

2.　工事又は製造その他についての請負契約における部分払の限度は、既済部分の10分の7以内である。

3.　前金払をした土木工事、建築工事及び設備工事については、契約金額が36億円以上の場合、契約金額の2割以内について、中間前金払をすることができる。

4.　監督とは、相手方から受領した給付が適正に履行されたか否かを確認する行為であり、履行完了後、契約書及び仕様書等に基づいて行わなければならない。

5.　検査とは、契約の適正な履行を図るための手段であり、契約の履行過程において、立会いや指示等の方法によって行わなければならない。

【No. 43】　都の支出事務に関する記述として、妥当なのはどれか。

1.　地方公共団体の支出は、原則として、債務金額が確定し、履行期が到来していることが必要であるとともに、債権者のためでなければ、これをすることができないとされている。

2.　収支命令者とは、局又は所に属する収入及び支出の命令に関する事務の委任を受けた者をいい、当該局又は所の長を充てることとされている。

3.　会計管理者は、支出命令書が適正であることを確認したときは、指定金融機関に支払通知書を交付して債権者に現金で支払をさせることとされており、小切手を作成して債権者に交付できるのは、債権者の申出があるときに限られる。

4.　資金前渡による支出は、職員に概括的に資金を交付して現金支払をさせる制度であり、経費の範囲は限定されていないが、支出額は保管できる金額の上限の範囲内でなければならない。

5.　債務は発生しているが金額が確定していない場合には、前金払により、あらかじめ一定額を債権者に支出し、事後において精算を行うことができる。

【解説 No. 42】　　　　　　　　　　Ⅰ類事務、Ⅰ類技術、Ⅱ類

1．正しい（『職員ハンドブック2023』438ページ）。

2．誤り。工事又は製造その他についての請負契約における部分払の限度は、既済部分の10分の9以内である（『職員ハンドブック2023』438ページ）。

3．誤り。前金払をした土木工事、建築工事及び設備工事については、契約金額が36億円以上の場合、契約金額の5分を超えない額について中間前金払をすることができる（『職員ハンドブック2023』438ページ）。

4．誤り。監督とは、契約の適正な履行の確保を図るための手段であり、契約の履行過程において立ち会いや指示等の方法によって行わなければならない。問題文の記述は検査についての説明である（『職員ハンドブック2023』438〜439ページ）。

5．誤り。検査とは、相手方から受領した給付が適正に履行されたか否かを確認する行為であり、履行完了後、契約書及び仕様書等に基づいて行わなければならない。問題文の記述は監督についての説明である（『職員ハンドブック2023』438〜439ページ）。　　　　　　　　　　正答　1

【解説 No. 43】　　　　　　　　　　Ⅰ類事務、Ⅰ類技術、Ⅱ類

1．正しい（『職員ハンドブック2023』412ページ）。

2．誤り。収支命令者とは局又は所に属する収入及び支出の命令に関する事務の委任を受けた者をいうことは正しいが、予算事務を主管する課長又は課長相当職にある者を充てている（『職員ハンドブック2023』406ページ）。

3．誤り。会計管理者は、支出命令書が適正であることを確認したときは、小切手を作成して債権者に交付することとされているが、債権者から申出があるときは、指定金融機関に支払通知書を交付して、債権者に現金で支払いをさせることができる（『職員ハンドブック2023』413ページ）。

4．誤り。資金前渡とは、職員に概括的に資金を交付して現金支払をさせる制度であることは正しいが、経費の範囲は場所的関係、経費の性質等から一般的な支出の方法によっては事務の取扱いに支障を及ぼすような経費に限定されている（『職員ハンドブック2023』414ページ）。

5．誤り。債務は発生しているが、債務金額が確定していない場合には、概算払によることができる。前金払とは、金額の確定した債務について、相手方の義務履行前又は給付すべき時期の到来前に支出することをいう（『職員ハンドブック2023』414ページ）。　　　　　　　　　　正答　1

都政実務

54

【No. 44】　都の一般競争入札に関する記述として、妥当なのはどれか。

1.　都の契約締結の方法には、一般競争入札、指名競争入札及び随意契約の３つがあり、一般競争入札及び指名競争入札が契約締結の方法の原則とされている。

2.　一般競争入札により契約を締結しようとするときは、入札期日の前日から起算して少なくとも３日前までに必要な事項を公告しなければならない。

3.　入札保証金は損害賠償額の予定と解され、落札者が契約を締結しないときは、納付した入札保証金は原則として一部を除き当該地方公共団体に帰属する。

4.　予定価格は、競争入札に付する事項の単価によって定めなければならないが、一定期間継続してする製造、修理等の契約は、総価で定めることができる。

5.　一般競争入札による契約では、落札となるべき同価の入札をした者が二人以上あるときは、直ちに、当該入札者の「くじ引き」により落札者を決定する。

【No. 45】　都の物品に関する記述として、妥当なのはどれか。

1.　物品は、用途や価格等の一定の基準の下に区分された地方公共団体が所有する動産であり、物品には公有財産に属するものや基金に属するものなどが含まれる。

2.　物品管理者は、部、部を置かない局及び所に一人を置き、物品の契約事務又は調達事務を取り扱う課長代理をもって充てている。

3.　物品管理者は、帳簿諸表によって、毎年度定期的に、物品出納員に供用中の物品の状況を確認させなければならない。

4.　局長又は所長は、当該局又は所での使用見込みがない物品のうち、供用可能なものについては、原則として所属換えのあっせんをしなければならない。

5.　局長は、物品の管理事務並びに使用者の物品の使用状況について、毎年度二回以上、所属の管理職のうちから検査員を命じ、検査をさせなければならない。

【解説 No. 44】　　　　　　　　　　　　Ⅰ類事務、Ⅰ類技術、Ⅱ類

1．誤り。都の契約締結の方法には、一般競争入札、指名競争入札、随意契約及びせり売りの4つがあり、一般競争入札が契約締結の方法の原則とされている（『職員ハンドブック2023』426ページ）。

2．誤り。一般競争入札により契約を締結しようとするときは、入札期日の前日から起算して10日前までに公告しなければならない。ただし、入札が急を要する場合は、入札期日の前日から起算して5日前までとすることができる（『職員ハンドブック2023』428ページ）。

3．誤り。入札保証金は損害賠償額の予定と解され、落札者が契約を締結しないときは、当該地方公共団体に帰属することとなる。原則として一部を除くという定めはない（『職員ハンドブック2023』429ページ）。

4．誤り。予定価格は原則として総価をもって定めなければならないが、一定期間継続してする製造、修理、売買、加工等で給付すべき数量が未確定の場合は単価によって定めることができる（『職員ハンドブック2023』429ページ）。

5．正しい（『職員ハンドブック2023』430ページ）。

正答　5

【解説 No. 45】　　　　　　　　　　　　Ⅰ類事務、Ⅰ類技術、Ⅱ類

1．誤り。物品には公有財産に属するものや基金に属するものは含まれない（『職員ハンドブック2023』451ページ）。

2．誤り。物品管理者は、局の課及び所に一人を置き、局にあっては課長、所にあっては物品の契約事務又は調達事務を取り扱う課長をもって充てている（『職員ハンドブック2023』452ページ）。

3．誤り。物品出納員は、帳簿諸表によって、毎年度定期的に、物品管理者に供用中の物品の状況を確認させなければならない（『職員ハンドブック2023』453ページ）。

4．正しい（『職員ハンドブック2023』454ページ）。

5．誤り。局長は、毎年度、物品の管理事務並びに使用者の物品の使用状況について、所属の主事のうちから検査員を任命し、検査をさせなければならない（『職員ハンドブック2023』454ページ）。

正答　4

【No. 46】　都の広報・広聴活動に関する記述として、妥当なのはどれか。

1.　都は、都民の意見や意識を科学的に把握することによって、これらを都政にフィードバックすることを目的として世論調査を実施しており、調査対象者については、公募により性別、年代及び地域等を考慮し選定している。

2.　「都民生活に関する世論調査」は、都民の日常生活に関わる意識や、都政に何を望んでいるかなどを把握し、今後の都政運営に役立てることを目的とし、原則として隔年で実施している。

3.　パブリシティ活動とは、「広報東京都」や都がスポンサーとなっているテレビ・ラジオの広報番組などによる広報をいい、都が自ら経費をかけて行う広報のことである。

4.　インターネット都政モニター制度は、都政の重要課題等に関する意見・要望等を迅速に把握することを目的とし、都内に居住する人を対象にモニターを選任し、実施している。

5.　「都民の声総合窓口」は、都政に関する提言、意見、要望等について適切に対応するために設けており、都政や都職員への意見及び要望については、ペーパーレスの観点から、原則として手紙及びファクシミリを除いた方法で受け付けている。

【解説 No. 46】 　　　　　　　　　　　Ⅰ類事務、Ⅰ類技術、Ⅱ類
1．誤り。世論調査の調査対象者については、原則として都内に住む満18歳
　　以上の方の中から、無作為抽出されている。
2．誤り。「都民生活に関する世論調査」は、原則として毎年実施している。
3．誤り。都が自ら経費をかけて行う広報のことを「自主媒体」と呼ぶ。
4．正しい。
5．誤り。「都民の声総合窓口」は、都政や都職員への意見及び要望につい
　　て、手紙、ファクシミリ、メール等の方法で受け付けている。

正答　4

都政実務

【No. 47】　組織形態に関する記述として、妥当なのはどれか。

1.　ファンクショナル組織は、各専門職が特定の係員に対してのみ指揮命令権を持つので、専門職間の対立が起きにくいとされる。

2.　ライン・アンド・スタッフ組織は、ライン組織を骨格とし、プロジェクト・チームの長所を生かした組織であり、権限移譲の原則が貫徹されているが、命令一元性の原則が守られにくいとされる。

3.　プロジェクト・チームは、課題対応型組織形態の代表的なものであり、縦割りの弊害を乗り越えるとともに、新しい問題に対する解決法を求められるような場合に、有効性が発揮される。

4.　マトリックス組織は、特定の課題について短期間で解決を図るために特別に編成される組織であり、緊急性の高い問題の処理に当たるケースが多い。

5.　タスクフォースは、縦割りの職能別組織と横割りの事業部門別組織とで編成される組織であり、新しい課題の解決を機動的に達成するため、多元的、複合的な命令系統が採用される。

【No. 48】　都庁のＩＴ化を支える基盤に関する記述として、妥当なのはどれか。

1.　G－NET とは都の情報システム基盤であり、庁内組織の壁を越えた情報共有による質の高い行政運営を実現するための基盤システムとして位置付けられている。

2.　特定の手続に特化した各局独自の電子申請システムは、都内区市町村と東京電子自治体共同運営協議会を設置してシステムを共同利用しており、パソコンからの申請に限定することで情報セキュリティを確保している。

3.　社会保障・税番号制度は、複数の機関に存在する特定の個人の情報が同一の者に係る情報であることを確認するための基盤であり、「行政手続における特定の個人を識別するための番号の利用等に関する法律」に基づき導入された。

4.　社会保障・税番号制度では、システム上の安全管理措置を徹底するなど、高度な個人情報保護を図った上で、個人情報を一元管理するシステムを構築している。

5.　住民基本台帳ネットワークシステムは、居住関係を公証する住民基本台帳のネットワーク化を図り、氏名、生年月日、住所、本籍の４情報により、全国共通の本人確認を可能とするシステムである。

【解説　No.　47】　　　　　　　　Ⅰ類事務、Ⅰ類技術、Ⅱ類

1．誤り。ファンクショナル組織は、各専門職がその職能に関する限り、全
　ての係員に対して指揮命令権を持つので、専門職間の対立が起きやすいと
　されている（『職員ハンドブック2023』526ページ）。

2．誤り。ライン・アンド・スタッフ組織は、ファンクショナル組織の長所
　を生かした組織であり、命令一元性の原則が貫徹されている（『職員ハン
　ドブック2023』526～527ページ）。

3．正しい（『職員ハンドブック2023』527ページ）。

4．誤り。問題文の説明は、タスクフォースの説明である（『職員ハンド
　ブック2023』527～528ページ）。

5．誤り。問題文の説明は、マトリックス組織の説明である（『職員ハン
　ドブック2023』527～528ページ）。

正答　3

【解説　No.　48】　　　　　　　　Ⅰ類事務、Ⅰ類技術、Ⅱ類

1．誤り。問題文の説明は、TAIMSの説明である（『職員ハンドブック
　2023』510ページ）。

2．誤り。問題文の説明は、全庁共通の電子申請システムに関する説明であ
　る。

3．正しい。

4．誤り。社会保障・税番号制度では、個人情報の一元管理ができない仕組
　みを構築している。

5．誤り。住民基本台帳ネットワークシステムは、氏名、生年月日、住所、
　性別の4情報と個人番号等により、全国共通の本人確認を可能とするシス
　テムである。

正答　3

都政実務

【No. 49】　本年3月に都が策定した「東京文化戦略2030 芸術文化で躍動する都市東京を目指して」に関する記述として、妥当なのはどれか。

1.　2022年度から2030年度までの長期計画であり、2030年代における東京のあるべき姿を描き、都の教育・文化行政の方向性や重点的に取り組む施策を示したもので、「東京都の文化施策を語る会」からの答申を踏まえて策定された。

2.　東京2020オリンピック・パラリンピック競技大会の文化プログラムのレガシーやコロナ禍の知見や経験を都市のレガシーとして発展させるため、誰もがどこでも気軽に芸術文化を楽しめる取組の強化等、4つの方向性を示した。

3.　東京の将来像として、東京を舞台にあらゆる人々の交流と世界中の芸術家の創造活動を促進し、芸術文化の力を世界平和の実現につなげている等の5つのビジョンを示した。

4.　戦略の一つである「芸術文化の力で人々に喜び、感動、新たな価値の発見をもたらす」では、スマート・カルチャー・プロジェクトとして、芸術文化と地域社会を結びつけ、地域の振興にも寄与する新たな仕組みを構築するとした。

5.　国内外のアートシーンの中心として、芸術文化の交流発信拠点としての「Art Platform Japan」を構築するとともに、インバウンドを意識して、「博物館等の文化施設インバウンド強化事業」を展開するとした。

【解説　No.　49】　　　　　　　　　Ⅰ類事務、Ⅰ類技術、Ⅱ類

1．誤り。2040年代における東京のあるべき姿を描いている。

2．正しい。

3．誤り。東京の将来像として芸術文化の力で「躍動」と「豊かさ」が両立
　　した「芸術文化で躍動する都市東京」を目指すとしている。

4．誤り。芸術文化と地域社会を結びつけ、地域の振興にも寄与する新たな
　　仕組みを構築するとしているのは、地域活性化プロジェクトである。

5．誤り。国内外のアートシーンの中心、芸術文化の交流発信拠点として
　　「TOKYO アート・ハブ」を構築するとしている。

正答　2

都
政
事
情

【No. 50】 本年３月に都が策定した「東京都住宅マスタープラン」に関する記述として、妥当なのはどれか。

1. 本プランは、東京都住宅基本条例に基づき策定する住宅政策の基本となる計画であり、住生活基本法に基づく住生活基本計画の都道府県計画としての性格を併せ持つものである。

2. 本プランでは、「生涯にわたる都民の豊かな生活の実現」、「まちの活力・住環境の向上と持続」の２つの方針の下、住宅政策が目指す８の目標と2040年代の姿の実現に向けて、総合的な住宅政策を展開していくとしている。

3. 目標の１つである新たな日常に対応した住まい方の実現では、テレワークがしやすい環境を備えた住宅の普及や２つ以上の仕事を持つ「複業」及び「二地域居住」を促進するなど、都民の働き方や住まい方の変化に適切に対応していくとしている。

4. 脱炭素社会の実現に向けた住宅市街地のゼロエミッション化では、都営住宅・公社住宅・職員住宅における太陽光発電導入量を2025年度末までに約2,000 kWに引き上げることを政策指標とし、率先した取組を進めていくとしている。

5. 都内には、200万戸を超える空き家が存在していることから、区市町村や民間事業者と連携を図るとともに、リフォーム、レンタル、リノベーションの空き家の３Ｒを施策の柱として、計画的かつ効果的に施策を展開していくとしている。

【解説　No.　50】　　　　　　　　Ⅰ類事務、Ⅰ類技術、Ⅱ類

１．正しい。

２．誤り。本プランでは、「成長の視点を取り込んだ施策の展開」「社会の成熟化に対応した施策の強化」の２つの方針の下、住宅政策が目指す10の目標と2040年代の姿の実現に向けて、総合的な住宅政策を展開していくとしている。

３．誤り。新たな日常に対応した住まい方の実現では、テレワークがしやすい環境を備えた住宅の普及や、周辺環境への影響等を考慮しながら、住宅市街地でのシェアオフィスの整備を促進するなど、都民の住まい方の変化に適切に対応していくとしている。

４．誤り。都営住宅・公社住宅・職員住宅における太陽光発電導入量を2030年度末までに約4800kW に引き上げることを政策指標としている。

５．誤り。都内には約81万戸の空き家が存在している。区市町村や民間事業者と連携を図るとともに、適正管理、有効活用、発生抑制の３つを施策の柱として、計画的かつ効果的に施策を展開していくとしている。

正答　　1

都政事情

64

【No. 51】　本年3月に改定された「東京都男女平等参画推進総合計画」について、妥当なのはどれか。

1.　本計画は、男女雇用機会均等法に基づく「女性活躍推進計画」と、配偶者暴力防止法に基づく「配偶者暴力対策基本計画」の両計画を合わせたもので、労働施策総合推進法に定められた都道府県男女共同参画計画に沿った行動計画である。

2.　目指すべき男女共同参画社会の実現に向けて、「誰もが安心して働き続けられる社会の仕組みづくり」、「根強い固定的性別役割分担意識等の変革」等、3つの事項を中心に取組を進めるとしている。

3.　「生活と仕事を両立できる環境づくり」として、女性が家庭と仕事を両立するための企業の取組を後押しするとともに、家庭と仕事の両立支援策を実践している企業に「えるぼし認定企業マーク」を付与するとしている。

4.　「生活と仕事における意識改革」として、多様な働き方や両立支援制度といった仕組みづくりを最重要の取組とするとともに、大企業の女性役員の比率50％の義務化により、少数派の意見が意思決定に影響を与えるようにするとしている。

5.　「教育・学習の充実」として、高校生・大学生を対象とした集中的な男女平等教育を行うことで、アンコンシャス・バイアスに基づく勤労観・職業観を身に付け、主体的に進路を選択決定する能力、態度を育成していくとしている。

【解説　No.　51】　　　　　　　　　Ⅰ類事務、Ⅰ類技術、Ⅱ類

1．誤り。本計画は、女性活躍推進法に基づくもので、男女共同参画社会基本法に定められた都道府県男女共同参画計画に沿った行動計画である。

2．正しい。

3．誤り。「生活と仕事を両立できる環境づくり」として、家庭と仕事の両立支援策を実践している企業に「両立支援推進企業マーク」を付与している。

4．誤り。「生活と仕事における意識改革」として、大企業の女性役員の比率30％を目指すムーブメントの醸成に向けた取組を行う。

5．誤り。「教育・学習の充実」として、アンコンシャス・バイアスなどの固定観念の払拭のために早期から教育現場での啓発を行うこととしている。

正答　2

都政事情

【No. 52】　本年3月に東京都下水道局が策定した「下水道浸水対策計画2022」に関する記述として、妥当なのはどれか。

1.　流域治水関連法に基づき、都内全域で1時間40ミリ降雨への対応を基本に施設整備を推進している。

2.　早期に浸水被害を根絶するため、浸水の危険性が高い57地区を重点地区と定めており、57地区全ての整備に着手している。

3.　浸水実績ではなく流出解析シミュレーションを活用し、発災後の影響を考慮して新たに10地区を重点地区として選定した。

4.　新たに選定した重点地区は、江戸川区などの低地部であり、床上相当の浸水が懸念されることから、1時間100ミリ降雨に対応するものとした。

5.　ソフト対策の取組分野として、「下水道施設の維持管理の充実」、「浸水対策事業の円滑化」、「浸水リスクや浸水対策情報の認知度向上」の3つを挙げている。

【No. 53】　本年4月に都が策定した「東京都建設リサイクル推進計画」に関する記述として、妥当なのはどれか。

1.　本計画は、都内における建設資源循環の仕組みを構築するとともに、都内の建設資源循環に係る全ての関係者が一丸となり、計画的かつ統一的な取組を推進し、環境に与える負荷の軽減とともに、東京の持続ある発展を目指すとしている。

2.　本計画における建設資材循環の考え方では、建設副産物の発生を許容した上で、燃焼可能な物を熱として回収、それ以外を全て再使用するとしている。

3.　本計画の戦略では、建設資源循環の実効性を確保するため、重点的に取り組むべき事項や全ての建設資材について20の個別計画を策定し、各種施策を展開するとしている。

4.　本計画の目標年度等について、国の建設リサイクル推進計画2020に合わせ、令和12年度末までに達成すべき達成基準値として定めるとしている。

5.　個別計画の1つであるコンクリート塊等の活用について、再資源化が進まない中、今後コンクリート塊の発生量の増大が見込まれることなどから、迅速に最終処分場を確保する取組を推進するとしている。

【解説　No.　52】　　　　　　　　　Ⅰ類事務、Ⅰ類技術、Ⅱ類

1．誤り。流域治水関連法に基づき、区部全域で1時間50ミリ降雨への対応を基本に、浸水の危険性が高い地区を重点化して施設整備を推進している。

2．誤り。57地区の重点地区のうち約8割が事業完了もしくは事業中である。

3．誤り。浸水実績に加えて流出解析シミュレーションを活用している。

4．誤り。新たに選定した重点地区は、床上相当の浸水が懸念されることから、1時間75ミリ降雨に対応するものとした。

5．正しい。

正答　5

【解説　No.　53】　　　　　　　　　Ⅰ類事務、Ⅰ類技術、Ⅱ類

1．正しい。

2．誤り。本計画における建設資材循環の考え方では、まず建設副産物の発生の抑制を行う。次に、建設工事に使用された建設資材の再使用を行う。これらの措置を行った後に発生した建設副産物については、再生利用を行う。それが技術的な困難性、環境への付加の程度、地域的制約等の観点から適切でない場合には、燃料の用に供することができるものまたはその可能性があるものについて、熱回収を行う。これらの措置が行われていないものについては、最終処分する。

3．誤り。本計画の戦略では、重点的に取り組むべき事項や全ての建設資材について9の個別計画を策定し、各種施策を展開するとしている。

4．誤り。令和6年度末までに達成すべき達成基準値として定めるとしている。

5．誤り。コンクリート塊等の活用について、再資源化が進んでいる一方で、今後コンクリート塊の発生量の増大が見込まれることなどから、再資源化施設への持ち込みにとどまらず、再生建設資材の活用までを見据えた取り組みを推進していくとしている。

正答　1

都政事情

68

【No. 54】　本年４月に都が公表した「河川に関する世論調査」についての記述として、妥当なのはどれか。

1.　東京の代表的な河川として思い浮かべる川を聞いたところ、「多摩川」が最も多く、身近に感じる河川では、「隅田川」が最も多く、続いて「多摩川中・下流域」、「荒川」であった。

2.　河川についての関心事を複数回答で聞いたところ、「洪水や高潮、津波、土砂崩れ等への対策」が最も多く、次いで、「川沿いの緑道や遊歩道、水際に近づける川岸の環境」であった。

3.　住まいの地域が水害に対して安全だと思うかを聞いたところ、平成14年の世論調査と比較して、安全と感じる人は23ポイント増加し、危険と感じる人は15ポイント減少した。

4.　台風や集中豪雨などによる水害について必要だと思う対策を複数回答で聞いたところ、「ハザードマップや適切な避難行動に関する情報提供」が最も多く、次いで、「護岸や防潮堤の強化」であった。

5.　河川空間の利活用について複数回答で聞いたところ、水辺を活用した施設で最も利用経験が多いのは、「ベンチ等の休憩施設」、利活用に関する情報の入手方法として最も多いのは、「インターネット（ホームページ）」であった。

【解説　No.　54】　　　　　　　　　Ⅰ類事務、Ⅰ類技術、Ⅱ類

1．誤り。東京の代表的な河川として思い浮かべる川を聞いたところ、「隅田川」が最も多く、身近に感じる河川では「多摩川中・下流域」が最も多く、続いて「荒川」であった。

2．誤り。河川についての関心事を複数回答で聞いたところ、「台風や豪雨等の発生時の水位や流れの様子、災害発生等の情報」が最も多く、次いで、「洪水や高潮、津波、土砂崩れ等への対策」であった。

3．誤り。住まいの地域が水害に対して安全だと思うかを聞いたところ、平成14年の世論調査と比較して、安全と感じる人は23ポイント減少し、危険と感じる人は15ポイント増加した。

4．正しい。

5．誤り。河川空間の利活用について複数回答で聞いたところ、水辺を活用した施設で最も利用経験が多いのは「散歩やジョギングのできる遊歩道」、利活用に関する情報の入手方法として最も多いのは「現地の案内板」である。

正答　4

都政事情

70

【No. 55】　本年３月に東京都交通局が策定した「東京都交通局経営計画2022」に関する記述として、妥当なのはどれか。

1.　本計画の計画期間は2022年度から2026年度までの５か年としているが、今後の経営状況などに応じて内容を見直す可能性があるとしている。

2.　テロ対策等の強化を図るため、車内に設置している非常通報器の位置をより分かりやすく表示するほか、X線手荷物検査装置を全駅に設置するとしている。

3.　輸送需要へ的確に対応するため、車両更新にあわせて、三田線については一部の編成を６両から８両編成にし、新宿線については全編成の10両編成化を完了するとしている。

4.　ゼロエミッション東京の実現に貢献するため、燃料電池バスの導入を拡大するとともに、東京さくらトラムの軌道緑化を全線に拡大するとしている。

5.　令和元年度の都営交通利用客は一日に約720万人であったが、新型コロナウイルス感染症の影響により、令和２年度は約506万人まで減少したことから、計画期間中の投資規模は、令和３年度予算と比較して30％程度抑制するとしている。

【解説　No.　55】　　　　　　　　Ⅰ類事務、Ⅰ類技術、Ⅱ類

1．誤り。本計画の計画期間は2022年度から2024年度までの３か年としている。

2．誤り。テロ対策等の強化を図るため、車内に設置している非常通報器の位置をより分かりやすく表示するほか、地下鉄車内の防犯カメラを車両更新に合わせて進めるとしている。

3．正しい。

4．誤り。前段は正しい。東京さくらトラムの運行に使用する電力の再エネ化について検討するとしている。

5．誤り。令和元年度の都営交通利用客は１日に約360万人であったが、新型コロナウイルス感染症の影響により令和２年度は約253万人まで減少したことから、計画期間中の投資規模は令和３年度予算と比較して15％程度抑制するとしている。

正答　3

都政事情

令和5年度
択一問題

主任 AⅠ類事務　55問（2時間45分）
主任 AⅠ類技術　45問（2時間15分）
主任 AⅡ類　　　30問（1時間30分）

◇Ⅰ類

◇Ⅱ類

令和5年度　択一問題の正答

問題番号			分　野	出題内容	正答
AI類 事務	AI類 四技	AⅡ類			
1	1	1	統計資料 の見方	相関係数	1
2	2	2		中央値	2
3	3		基礎的法令 （憲法）	表現の自由	4
4	4			違憲審査権	4
5	5			租税法律主義	1
6	6		基礎的法令 （行政法）	行政行為の効力	4
7	7			行政法の法源	5
8	8			行政罰	3
9	9			行政行為の取消し又は撤回	4
10				即時強制	5
11	10			行政計画	5
12				行政手続法	2
13	11			行政不服審査法に定める不服申立て	2
14				国家賠償法	1
15				行政事件訴訟法に定める執行停止及び内閣総理大臣の異議	3
16			地方自治 制度	長・議員の選挙	3
17	12			直接請求	2
18	13			地方自治法第100条に定める議会の調査権	4
19				長の専決処分	2
20	14			長の不信任の議決	1
21	15			決算	3
22	16			物品・債権	5
23	17			住民監査請求	3
24				指定都市・中核市	3
25				附属機関	4

問題番号			分　野	出題内容	正答
AI類 事務	AI類 四技	AII類			
26	19	5	地方公務員 制度	臨時的任用	5
27	18	3		人事委員会・公平委員会	4
28				定年前再任用短時間勤務制・役職定年制	1
29				離職	2
30	25	4		争議行為等の禁止	3
31	20	6		懲戒	2
32	21	7		服務の根本基準・服務の宣誓	2
33	23	9		政治的行為の制限	4
34	24	10		労働基本権	2
35	22	8		信用失墜行為の禁止	2
36	26	11	都政実務	都の組織	3
37	27	12		「東京都職員人材育成基本方針」等に基づく職員の人材育成	5
38	28	13		コンプライアンス	2
39	29	14		人事考課制度	2
40	30	15		文書の起案	4
41	31	16		印刷物取扱規程・図書類取扱規程	2
42	32	17		予算	5
43	33	18		収入事務	1
44	34	19		新公会計制度	4
45	35	20		契約締結の方法	1
46	36	21		個人情報保護制度	3
47	37	22		問題解決の技法	4
48	38	23		都政の構造改革(シン・トセイ)の主な取組	2
49	39	24	都政事情	東京都交通局浸水対策施設整備計画	2
50	40	25		東京都耐震改修促進計画	4
51	41	26		東京港カーボンニュートラルポート形成計画	1
52	42	27		アースプラン2023	5
53	43	28		西新宿地区再整備方針	4
54	44	29		第2期東京都性自認及び性的指向に関する基本計画	3
55	45	30		東京における空き家施策実施方針	2

76

【No. 1】　下の図A～Cの散布図からそれぞれ相関係数を求め、散布図を相関係数の値の大きい順に並べたとき、妥当なのはどれか。

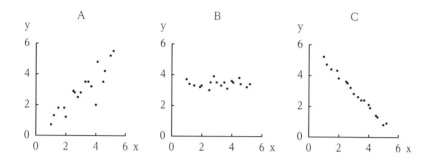

1.　A＞B＞C

2.　A＞C＞B

3.　B＞A＞C

4.　B＞C＞A

5.　C＞A＞B

【解説 No. 1】　　　　　　　　　　Ⅰ類事務、Ⅰ類技術、Ⅱ類

　相関係数は変数間の関係の方向と強さを示す尺度で、マイナス1からプラス1までの値をとり、相関係数が1に近いほど正の相関（片方の値が増加すると、もう一方も増加する関係があること）が強く、マイナス1に近いほど負の相関（片方の値が増加すると、もう一方が減少する関係があること）が強い。各散布図を見るに、相関係数の値は A＞B＞C となる。

正答　1

78

【No. 2】　　下の表は、ある中学校の1年生の生徒100人の身長を調べたものである。この表から求められる中央値の値として、正しいのはどれか。ただし、計算結果は小数点第一位を四捨五入するものとする。

身長（cm）	人数（人）
130未満	7
130～140未満	13
140～150未満	18
150～160未満	41
160～170未満	18
170～180未満	3
計	100

1.　151
2.　153
3.　155
4.　157
5.　159

【解説 No. 2】　　　　　　　　　　　Ⅰ類事務、Ⅰ類技術、Ⅱ類

　中央値は、集団の値を大きさの順に並べたときの、中央に位置している値であり、集団の個数が偶数の場合は中央の2項の中間、すなわち2つの変数を加えて2で割った値を中央値とする。

　データが度数分布表として整理されている場合の中央値は、以下の方法で求める。

・度数分布表における階級の低いほうから順に度数を足し上げ、累積度数を求める→130cm未満の階級から順に、7→20→38→79…と累積する。

・総度数を2で割った値以上で、その値に最も近い累積度数に該当する階級を中央値のある階級とする→総度数は100であるため、これを2で割ると50となり、累積度数に照らして、150cm〜160cm未満の階級を中央値のある階級とする。

・以下に示す計算式に沿って計算し、解を求める。

　中央値＝中央値を含む階級の下限＋{(総度数÷2−中央値より低い全ての階級の度数合計)÷中央値の入っている階級の度数}×級間隔

　これを本問に当てはめると、$150 + \{(100 \div 2 - 38) \div 41\} \times 10 \fallingdotseq 153$

正答　2

【No. 3】　憲法に定める表現の自由に関する記述として、妥当なのはどれか。

1. 報道は、事実を知らせるもので、思想を表明するものではないことから、報道の自由は、憲法が直接保障する表現の自由には含まれないものとされている。

2. 最高裁判所は、法廷で傍聴人がメモを取る自由は、憲法が直接保障する表現の自由そのものに当たるため、いかなる場合であっても妨げられてはならないものとした。

3. 報道機関の取材の手段や方法が、社会観念上到底是認することのできない不相当なものである場合でも、それが真に報道の目的から生じたものである限りは、取材の自由は尊重されるものであり、正当な取材活動の範囲内として認められる。

4. 最高裁判所は、憲法における検閲禁止の規定について、公共の福祉を理由とする例外の許容をも認めない検閲の絶対的禁止を宣言したものであるとした。

5. 最高裁判所は、輸入が禁止されている表現物を税関において検査することは、それが国外で既に発表済みであろうと、国内における発表の機会が奪われることから、当該検査は検閲に当たるとした。

【No. 4】　憲法に定める違憲審査権に関する記述として、妥当なのはどれか。

1. 最高裁判所は、具体的な法律関係につき紛争が存在する場合に、裁判所は違憲審査を行うことができるほか、具体的事件に関わりなく抽象的に違憲審査を行うこともできるとした。

2. 最高裁判所は、違憲審査の対象は一切の法規範であり、国際法としての条約も全て違憲審査の対象となるとした。

3. 最高裁判所は、違憲審査の対象となる「処分」は行政処分を指すことから、裁判所の判決は処分には当たらず、違憲審査の対象とはならないとした。

4. 違憲判断の方法には、法令そのものを違憲とする法令違憲の判決と、法令自体は合憲でも、それが当該事件の当事者に適用される限度において違憲であるとする適用違憲の判決とがあり、前者の例として尊属殺重罰規定違憲判決がある。

5. 個別的効力説によると、ある法律が裁判所により違憲無効とされた場合は、客観的に無効となり、国会による廃止の手続を経ることなく存在を失うとされる。

【解説 No. 3】　　　　　　　　　　　　　　Ⅰ類事務、Ⅰ類技術

1．誤り。報道は国民の知る権利に奉仕するという重要な意義を有しているため、報道の自由は表現の自由に含まれる。

2．誤り。判例は、傍聴人がメモを取る自由について、表現の自由の精神に照らし尊重に値し、故なく妨げられてはならないとした。

3．誤り。取材の手段や方法が、社会通念上到底是認することのできない不相当なものについては正当な取材活動の範囲を逸脱しているとされる。

4．正しい。

5．誤り。判例は、税関における検査は、思想内容等それ自体を網羅的に審査し、規制することを目的としておらず、検閲に当たらないとした。

正答　4

【解説 No. 4】　　　　　　　　　　　　　　Ⅰ類事務、Ⅰ類技術

1．誤り。判例は、司法権を行使するためには、具体的な争訟事件が提起される必要性があるとした。

2．誤り。判例は、高度な政治性を持つ条約については、一見してきわめて明白に違憲無効と認められない限り、その内容について違憲かどうかの判断を下すことはできないとした。

3．誤り。判例は、「処分」には裁判所の判決も含まれるとした。

4．正しい。

5．誤り。個別的効力説は、当該事件に限って法令の適用が排除されるといったものである。

正答　4

憲
法

82

【No. 5】　憲法に定める租税法律主義に関する記述として、妥当なのはどれか。

1. 租税法律主義とは、あらたに租税を課し、又は現行の租税を変更するには、法律又は法律の定める条件によることを必要とする原則をいう。

2. 租税法律主義が適用されるのは租税のみであり、事実上国民に強制される手数料や負担金など、租税以外の金銭については、租税法律主義は適用されないとされる。

3. 租税は、特別の給付に対する反対給付としての性格を有しており、国又は地方公共団体が国民又は住民から強制的に徴収する金銭給付である。

4. 地方公共団体が住民から徴収する地方税は、条例に基づいて課されるため、地方税には租税法律主義は適用されない。

5. 最高裁判所は、法律上は課税できる物品であるにもかかわらず、実際上は非課税として取り扱われてきた物品を、通達によって新たに課税物件として取り扱うことは、法の誤った解釈と言わざるを得ないため、違憲であるとしている。

【No. 6】　行政行為の効力に関する記述として、妥当なのはどれか。

1. 公定力とは、行政行為が違法で、重大かつ明白な瑕疵がある場合であっても、正当な権限を有する機関によって取り消されるまでは、有効なものとして扱われる効力をいう。

2. 不可争力とは、出訴期間経過後は、国民はもはや行政行為の違法を主張して、その拘束を免れることができなくなる効力をいい、実質的確定力とも呼ばれる。

3. 自力執行力とは、行政行為により命ぜられた義務を国民が履行しない場合に、裁判所による判決を得た上で、行政庁が自ら、義務の内容を実現することができる効力をいう。

4. 不可変更力とは、一度行った行政行為について、処分庁は自ら変更できないという効力をいい、行政行為には原則として不可変更力は認められないが、審査請求の裁決等、紛争裁断作用として行われるものには不可変更力が認められる。

5. 行政行為が違法であることを理由として国家賠償請求をする場合は、あらかじめ取消判決や無効確認判決を得る必要がある。

【解説　No.　5】　　　　　　　　　　　　Ⅰ類事務、Ⅰ類技術

1．正しい。

2．誤り。事実上国民に強制される手数料や負担金などにも租税法律主義が適用される。

3．誤り。租税とは、特別の給付に対する反対給付ではなく、国又は地方公共団体がその課税権に基づいて、その使用する経費に充当するために、強制的に徴収する金銭給付のことをいう。

4．誤り。地方公共団体が徴収する地方税についても、租税法律主義が適用される。

5．誤り。判例は、通達を機に課税となったとしても、その通達の内容が法の正しい解釈と一致すれば違憲ではないとした。

正答　1

【解説　No.　6】　　　　　　　　　　　　Ⅰ類事務、Ⅰ類技術

1．誤り。重大かつ明白な瑕疵がある行政行為については公定力は認められない。

2．誤り。行政側が職権で自発的に行政行為を取り消すことは可能であるため、不可争力は形式的の確定力と呼ばれる。

3．誤り。自力執行力とは、行政行為上の義務を国民が履行しないとき、行政側が裁判判決なしに、国民に対して強制執行を行い、義務の内容を実現できる効力をいう。

4．正しい。

5．誤り。取消判決や無効確認判決を得ていなくても国家賠償請求をすることは可能である。

正答　4

【No. 7】　　行政法の法源に関する次のア～オの記述のうち、妥当なものを選んだ組合せはどれか。

ア　行政法の法源は、成文法源と不文法源に分類することができ、成文法源には判例法が含まれ、不文法源には慣習法が含まれる。

イ　日本国憲法は、行政の組織や作用について基本的、抽象的なことを定めており、行政法の不文法源となる。

ウ　条約は、国家間での国際法上の権利義務を定める約定であり、行政法の不文法源となる。

エ　地方公共団体の自主法としての条例・規則は、地方公共団体がその自治権に基づいて制定する法形式であり、行政法の成文法源となる。

オ　法の一般原則は、条理とも呼ばれ、一般に正義にかなう普遍的原理と認められるものであり、行政法の不文法源となる。

1.　ア、ウ

2.　ア、オ

3.　イ、ウ

4.　イ、エ

5.　エ、オ

【No. 8】　　行政罰に関する記述として、妥当なのはどれか。

1.　行政罰は、行政上の義務が履行されない場合に一定の期限を示して科され、義務者に心理的圧迫を加え、その履行を間接的に強制することをいう。

2.　行政罰は、行政刑罰と秩序罰に類別され、そのいずれについても刑法総則は適用されない。

3.　行政刑罰は、違反行為者だけでなく、その使用者や事業主にも科刑されることがある。

4.　秩序罰は、行政上の秩序に障害を与える危険がある義務違反に対し、科料として科される金銭的制裁をいう。

5.　最高裁判所の判例によると、秩序罰と刑罰は、目的、要件及び実現の手続が同一であり、二者択一の関係にあることから、両者は併科できないとしている。

【解説　No.　7】　　　　　　　　　　　Ⅰ類事務、Ⅰ類技術

ア　誤り。成文法源とは、実際に文書として制定された法源であり、不文法源はこれに該当しないものである。判例は、不文法源に含まれる。

イ　誤り。憲法は成文法源に含まれる。

ウ　誤り。条約は成文法源に含まれる。

エ　正しい。

オ　正しい。

正答　5

行政法

【解説　No.　8】　　　　　　　　　　　Ⅰ類事務、Ⅰ類技術

1．誤り。行政罰は、過去の義務違反に対して課されるものである。問題文は、将来において義務の履行を確保しようとする強制執行の説明。

2．誤り。秩序罰に刑法総則は適用されないが、行政刑罰には適用される。

3．正しい。

4．誤り。秩序罰として挙げられるのは過料である。過料は、科料とは異なり、刑罰ではなく、あくまでも行政上の罰則である。

5．誤り。秩序罰と刑罰はその目的、要件及び実現の手続きが異なるため、併科できるとされる。

正答　3

【No. 9】　行政行為の取消し又は撤回に関する記述として、妥当なのはどれか。

1. 行政行為の取消しとは、行政行為がその成立時から瑕疵を有することを理由として、当該行政行為の効力を将来に向かって失わせることをいう。

2. 違法な行政行為を行った処分庁は、当該行政行為を取り消す義務があるとされ、授益的な行政行為についても、取り消さなければならない。

3. 行政行為の撤回とは、瑕疵なく成立した行政行為について、その後の事情の変化により、その効力を持続するのが妥当でなくなった場合に、成立時に遡って法律上の効力を消滅させることをいう。

4. 最高裁判所は、相手の被る不利益を考慮しても、なお行政行為を撤回すべき公益上の必要性が高いと認められる場合には、法令上直接明文の規定がなくとも、撤回することができるとした。

5. 行政行為の撤回は、当該行政行為を行った処分庁は行うことができず、監督庁にのみ認められる。

【No. 10】　行政上の即時強制に関する記述として、妥当なのはどれか。

1. 即時強制は、義務を履行しない場合に、行政機関が国民の身体、財産等に実力を行使して強制的に義務の実現を図る作用をいう。

2. 即時強制は、相手方の自由を、実力を行使して抑止することから、法律の根拠が必要であり、条例によって即時強制の制度を設けることはできない。

3. 即時強制は、緊迫した状況において展開される緊急措置であるか否かを問わず、裁判官の令状が必要である。

4. 即時強制は、それ自体が処分性のない単なる事実行為に過ぎないため、身柄の収容や物の領置など、継続して不利益状態に置かれていても、不服申立てや取消訴訟の対象とはならない。

5. 即時強制は、行政機関による実力行使であることから、執行に当たっては、法規の趣旨目的を厳格に解釈し、比例原則等に照らし相手方の人権侵害を最小限にとどめるよう配慮して慎重に行わなければならない。

【解説 No. 9】

1．誤り。行政行為の取消しとは、行政行為がその成立時から瑕疵を有することを理由として、行政行為がなされた時にさかのぼってその効力を失わせることをいう。

2．誤り。授益的な行政行為の取消しについては、公益上の必要性などが要件とされており、必ずしも行えるわけではない。

3．誤り。行政行為の撤回とは、瑕疵なく成立した行政行為について、その後の事情の変化により、その効力を持続するのが妥当でなくなった場合に、将来に向かってその効力を失わせることをいう。

4．正しい。

5．誤り。行政行為の撤回は、当該行政処分を行った処分庁にのみ行える。

正答 4

【解説 No. 10】

1．誤り。即時強制は、義務の不履行を前提とせずに強制力を行使できる。

2．誤り。即時強制を行うには、法律の根拠もしくは条例で定めていることが必要である。

3．誤り。緊迫した状況において展開される緊急措置の場合、行政上の目的を達成するためには裁判官の令状を求めている余裕はなく、令状は必要とされない。

4．誤り。即時強制は事実行為ではあるが、公権力の行使を伴うので、不服申立てや取消訴訟の対象になりうる。

5．正しい。

正答 5

行政法

【No. 11】　行政計画に関する記述として、妥当なのはどれか。

1.　行政計画は、法律に基づいて策定され、行政活動や民間の活動を指導・誘導するなどの作用を果たしている。

2.　行政計画は、国民に対する法的拘束力の有無によって拘束的計画と非拘束的計画とに分類され、非拘束的計画の例として、都市計画における市街化区域・市街化調整区域の区別が挙げられる。

3.　行政計画の策定については、計画内容の正当性を確保するため、行政手続法において、計画策定手続に関する一般的な規定が設けられている。

4.　最高裁判所は、地方公共団体が工場誘致施策を変更したことにより、相手方が社会観念上看過できない損害を被る場合でも、地方公共団体は、相手方に対して損害の補償等の代償措置を講じる必要はなく、不法行為責任も生じないとした。

5.　最高裁判所は、土地区画整理事業の事業計画について、処分性を認め、事業計画の決定がされた段階で、これを対象とした取消訴訟の提起が認められるとした。

【No. 12】　行政手続法に関する記述として、妥当なのはどれか。

1.　不利益処分とは、行政庁が法令に基づき、特定の者を名あて人として、直接義務を課し、又はその権利を制限する処分をいい、申請により求められた許認可等を拒否する処分や許認可等を取り消す処分がある。

2.　行政庁は、許認可等の判断に必要な審査基準を定めるに当たっては、許認可等の性質に照らし、できる限り具体的なものとしなければならず、行政上特別の支障があるときを除いて、審査基準を公にしておかなければならない。

3.　行政庁は、不利益処分をする場合には、原則として、その名あて人に対し、不利益処分後、相当の期間内に当該不利益処分の理由を示さなければならない。

4.　行政庁は、名あて人の資格又は地位を直接はく奪する不利益処分を行う場合には、当該不利益処分の名あて人となるべき者に対して、弁明の機会を付与しなければならない。

5.　聴聞の期日における審理は、一連の手続の透明性を確保するため、原則として公開で行われる。

89

【解説　No.　11】　　　　　　　　　　　　　Ⅰ類事務、Ⅰ類技術
1．誤り。行政計画は、国民を直接法的に拘束するものを除き、法的根拠は
　必ずしも必要とされない。
2．誤り。都市計画における市街化区域・市街化調整区域の区別は、土地所
　有者の権利を制限するので、拘束的計画に分類される。
3．誤り。行政手続法には行政計画の策定に関する規定はない。
4．誤り。判例は、施策が変更されたことにより、相手方が社会観念上看過
　することができない程度の積極的損害を被る場合に、地方公共団体におい
　て、損害の補償などの代償的措置を講ずることがない場合は、原則不法行
　為責任を負うとした。
5．正しい。

正答　5

【解説　No.　12】　　　　　　　　　　　　　　　　　Ⅰ類事務
1．誤り。申請により求められた許認可等を拒否する処分は、行政手続法第
　二章で定める「申請に対する処分」である。
2．正しい。
3．誤り。行政庁は、不利益処分をする場合には原則、名あて人に対し、同
　時にその理由を示さなければいけない。例外として、処分をすべき差し
　迫った必要がある場合は、名あて人の所在が不明になった時などを除き、
　処分後相当の期間内に理由を示さなければいけない。
4．誤り。行政庁は、名あて人の資格または地位を直接はく奪する不利益処
　分を行う場合には、聴聞の手続きを執らなければいけない。
5．誤り。聴聞の期日における審理は、行政庁が公開することを相当と認め
　るときを除き、公開しない。

正答　2

【No. 13】　行政不服審査法に定める不服申立てに関する記述として、妥当なのはどれか。

1.　許認可等の申請に対する行政庁の不作為について、当該申請者は、審査請求又は異議申立てのいずれかをすることができる。

2.　再調査の請求とは、課税処分など不服申立てが大量になされる処分等について、処分庁に対し簡易な手続で改めて見直しを求める手続をいい、法律に再調査の請求をすることができる旨の定めがある場合にすることができる。

3.　審査請求は、審査請求書を提出して行わなければならないとされ、口頭での審査請求は認められない。

4.　処分庁が誤って法定の期間よりも長い期間を審査請求期間として教示し、法定の審査請求期間を過ぎたときは、当該審査請求をすることはできない。

5.　行政不服審査会は、審査庁の審理を補佐する諮問機関であることから、調査権限は認められておらず、審査請求人や審査会に諮問した審査庁などの審査関係人に対し、資料の提出を求めるなどの必要な調査を行うことはできない。

【No. 14】　国家賠償法に関する記述として、妥当なのはどれか。

1.　公の営造物の管理者は、当該営造物の法律上の管理権又は所有権、賃借権等の権原を有している者に限られるものではなく、事実上の管理をしている国又は公共団体も、公の営造物の管理者に含まれる。

2.　国家賠償法において、損害賠償を行った国又は公共団体は、その原因として、特定の公務員に故意又は過失があったときに求償権を行使できる。

3.　公の営造物の設置又は管理の瑕疵とは、営造物が通常有すべき安全性を欠いていることをいい、これに基づく国又は公共団体の賠償責任については、重過失を要件としている。

4.　公権力の行使に基づく損害賠償責任については、公権力の積極的な行使による侵害があった場合を要件としており、不作為により損害を生じさせた場合については、損害賠償責任は成立しない。

5.　損害を加えた公務員の選任監督者と給与等の費用負担者が異なるとき、損害を受けた者は、当該公務員の選任監督者に対して損害賠償を請求しなければならない。

【解説　No.　13】　　　　　　　　　　　　　Ⅰ類事務、Ⅰ類技術

1．誤り。現行の行政不服審査法では、不服申立ての手続きは審査請求に一元化されている。

2．正しい。

3．誤り。行政不服審査法において、審査請求は、他の法律（条例に基づく処分については、条例）に口頭ですることができる旨の定めがある場合を除き、政令で定めるところにより、審査請求書を提出しなければならないと定められており、口頭での審査請求も想定されている。

4．誤り。処分庁が誤った審査請求期間を教示した場合など正当な理由がある場合には、審査請求期間が過ぎても審査請求をすることができる。

5．誤り。行政不服審査会は、必要があると認める場合には、審査請求人・参加人・審査関係人に対し、書面や資料の提出を求めること、事実の陳述や鑑定を求めることその他必要な調査を行うことができる。

正答　2

【解説　No.　14】　　　　　　　　　　　　　　　　　Ⅰ類事務

1．正しい。

2．誤り。国又は公共団体が求償権を行使できるのは、特定の公務員に故意又は重過失があった場合である。

3．誤り。公の造営物の設置又は管理の瑕疵に関する国又は公共団体の賠償責任については、無過失責任とされ、過失の有無は要件ではない。

4．誤り。損害賠償責任には、行政が作為義務を負いながら、適切に権限を行使しないという不作為についても含まれる。

5．誤り。選任監督者と費用負担者の双方が損害賠償責任を負い得るとされる。

正答　1

【No. 15】　行政事件訴訟法に定める執行停止及び内閣総理大臣の異議に関する記述
として、妥当なのはどれか。

1.　行政処分は、取消訴訟が提起されても、執行不停止の原則により、執行停止と
　はならないが、処分の執行により原告に重大な損害が生じると裁判所が判断した
　場合は、裁判所は職権で当該行政処分の執行を停止することができる。

2.　執行停止の決定が確定した後、その理由が消滅し、その他事情が変更したとき
　は、相手方からの申立てを待たず、当然に執行停止の決定は解除される。

3.　執行停止の申立てがなされた場合には、内閣総理大臣は、裁判所に対し、異議
　を述べることができ、また、執行停止の決定があった後においても同様に異議を
　述べることができる。

4.　執行停止の決定が確定した後、内閣総理大臣が異議を述べた場合、裁判所は、
　その異議の理由の適否について審査し、相当と認めた場合は、執行停止を取り消
　さなければならない。

5.　内閣総理大臣の異議により執行不停止となったときは、内閣総理大臣は、次の
　常会において国会に報告し、承認を得なければならない。

【No. 16】　普通地方公共団体の長及び議会の議員の選挙等に関する記述として、妥
当なのはどれか。

1.　年齢満18年以上で引き続き３か月以上、当該市町村の区域内に住所を有する者
　は、日本国民に限らず、当該市町村の議会の議員の選挙権を有する。

2.　年齢満20年以上で引き続き３か月以上、当該市町村の区域内に住所を有する日
　本国民は、当該市町村長の被選挙権を有する。

3.　年齢満30年以上の日本国民は、当該都道府県の区域内に住所を有していなくて
　も、当該都道府県の知事の被選挙権を有する。

4.　拘留以上の刑に処せられその執行を終わるまでの者は、選挙権は有するが、被
　選挙権は有しない。

5.　普通地方公共団体の選挙に関する事務を管理する選挙管理委員については、長
　が、当該普通地方公共団体の選挙権を有しない者のうちから、これを選任する。

【解説　No.　15】　　　　　　　　　　　　　　　Ⅰ類事務
1．誤り。行政事件訴訟法の執行不停止の原則の例外の要件として、処分の取消しの訴えの提起が必要であり、裁判所の職権ではできない。
2．誤り。執行停止の決定の解除は、相手方の申立てが必要である。
3．正しい。
4．誤り。行政事件訴訟法において、内閣総理大臣が異議を述べた場合、裁判所は執行停止を取り消さなければならないとのみ規定されており、理由の適否について相当と認めた場合といった条件はない。
5．誤り。国会に報告しなければならないと規定されているが、承認を得なければならないとはされていない。

正答　3

【解説　No.　16】　　　　　　　　　　　　　　　Ⅰ類事務
1．誤り。国政・地方を問わず、選挙権は日本国民にのみ認められている。
2．誤り。市町村長の被選挙権を有するための条件は、日本国民で満25歳以上であることである。
3．正しい。
4．誤り。禁錮以上の刑に処されその執行を終わるまでの者は、選挙権・被選挙権ともに有しない。
5．誤り。地方自治法において、選挙管理委員は、選挙権を有する者で、人格が高潔で、政治及び選挙に関し公正な識見を有するもののうちから、普通地方公共団体の議会において推挙するとされている。

正答　3

行政法
地方自治制度

【No. 17】　地方自治法に定める直接請求に関する記述として、妥当なのはどれか。

1.　直接請求ができる住民は、選挙権の有無を問わず、当該普通地方公共団体に住所を有する者である。

2.　直接請求ができる住民は、政令で定めるところにより、その総数の50分の1以上の連署をもって、その代表者から普通地方公共団体の長に対し、条例の制定又は改廃の請求をすることができる。

3.　事務の監査請求の対象となる事項は、当該地方公共団体の自治事務のうち監査委員の権限とされる財務に関する事務に限られると定められている。

4.　普通地方公共団体の議会の解散の請求は、当該普通地方公共団体の長に対して行うが、この請求は、当該普通地方公共団体の議員の一般選挙があった日から2年間は行うことはできない。

5.　普通地方公共団体の長は、解職の請求に基づき行われる選挙人の投票において、3分の2以上の同意があったときは、その職を失うと規定されている。

【No. 18】　地方自治法第100条に定める議会の調査権に関する記述として、妥当なのはどれか。

1.　本条の調査権の対象は、普通地方公共団体の事務全般であり、全ての自治事務のほか、国の安全を害するおそれがあるもの等を除いた法定受託事務も含む。

2.　本条の調査権を発動させることができる「政治調査」に当たるものとして、議会又は特定議員の特殊な利害関係を含む調査が挙げられる。

3.　議会が、当該普通地方公共団体の事務に関する調査のために、特に必要があると認めて選挙人その他の関係人の証言を請求する場合は、刑事訴訟に関する法令の規定中、証人の尋問に関する規定が準用される。

4.　議会は、選挙人その他の関係人が公務員たる地位において知り得た事実について、その者から職務上の秘密に属するものである旨の申立てを受けたときは、当該官公署の承認がなければ証言等の提出を請求することができない。

5.　議会内部に特別委員会を設置して特定の事件を調査させる場合には、新たに議会の議決をもって委任しなくても、当該特別委員会が本条各項の権限を有する。

【解説　No.　17】　　　　　　　　　　　Ⅰ類事務、Ⅰ類技術

1．誤り。直接請求をするには、当該普通地方公共団体における選挙権を有
　していることが必要である。
2．正しい。
3．誤り。事務の監査請求の対象は、地方公共団体の事務の執行に関する全
　てである。なお、住民監査請求は対象が財務会計に関する事務に限られ
　る。
4．誤り。議会の解散請求は、当該普通地方公共団体の選挙管理委員会に対
　し行うことができるものであり、議員の一般選挙があった日から1年間及
　び解散の投票のあった日から1年間は行うことができないとされている。
5．誤り。普通地方公共団体の長についての解職投票においては、過半数の
　同意があった時、解職となる。

正答　2

【解説　No.　18】　　　　　　　　　　　Ⅰ類事務、Ⅰ類技術

1．誤り。自治事務について、労働委員会、収用委員会の権限に属する事務
　のうち政令で定めるものは対象外となる。
2．誤り。調査は一般的に政治調査、議案調査及び事務調査に分類されてい
　るが、いずれも地方公共団体の一般的公益に関するものについて認められ
　たものであって、議会または特定議員の特殊な利害関係のために調査権を
　発動することは濫用と解される。
3．誤り。準用されるのは民事訴訟に関する法令の規定中、承認の尋問に関
　する規定である。
4．正しい。
5．誤り。議会が特定の事件を指定したうえで、調査を委任した場合に特別
　委員会は調査権を有する。

正答　4

【No. 19】 地方自治法に定める普通地方公共団体の長の専決処分に関する記述として、妥当なのはどれか。

1. 長は、副知事又は副市町村長及び指定都市の総合区長の選任の同意について、専決処分することができる。

2. 議会が議決すべき事件を議決しないとき、長は専決処分をすることができるが、この議会において議決すべき事件には、議会において行う選挙は含まれない。

3. 議会が非常の災害による応急の施設のために必要な経費に関する予算を否決したときは、長は、専決処分により支出することができる。

4. 法律の規定により長の行った専決処分であっても、次の議会に報告し、議会の承認を得られなければ将来に向かってその効力は失われる。

5. 普通地方公共団体の議会に属する事項について、長が軽易と判断したときは長の専決処分が認められており、議会への報告の必要はない。

【No. 20】 地方自治法に定める長の不信任の議決に関する記述として、妥当なのはどれか。

1. 議会において、長の不信任の議決がなされたときは、議長は、直ちにその旨を長に通知しなければならず、長はその通知を受理した日から10日以内に議会を解散することができる。

2. 長の不信任の議決は、議員数の4分の3以上の者が出席し、その3分の2以上の特別多数議決が必要とされる。

3. 長の不信任の議決は、議会による不信任案の可決を要件とするため、信任案の否決は含まれないと解されている。

4. 不信任の議決に対抗して長が議会を解散した場合、その解散後初めて招集された議会において議員数の過半数の者が出席し、その4分の3以上の者の同意により再度不信任の議決があったときは、長はその職を失う。

5. 議会が、感染症予防のために必要な経費を削除し又は減額する議決をしたときは、長はこの議決を直ちに不信任の議決とみなさなければならない。

【解説 No. 19】　　　　　　　　　　　　　Ⅰ類事務

1．誤り。副知事又は副市町村長及び指定都市の総合区長の選任の同意は専決処分の対象ではない。

2．正しい。

3．誤り。否決は議決の一種であり、否決した場合は専決処分の対象とはならない。なお、議会が非常災害による応急・復旧施設のための必要経費を削除または減額する議決をしたときは、長は理由を示してその経費及びこれに伴う収入について再議に付さなければならない。

4．誤り。議会で不承認となってもその効力は失われない。

5．誤り。普通地方公共団体の議会の権限に属する軽易な事項で、その議決により特に指定したものは、普通地方公共団体の長において、専決処分することができるが、議会への報告は必要である。

正答　2

【解説 No. 20】　　　　　　　　　　Ⅰ類事務、Ⅰ類技術

1．正しい。

2．誤り。総員数の3分の2以上の者が出席し、その4分の3以上の賛成が必要である。

3．誤り。信任案の否決も不信任の議決に含まれると解される。

4．誤り。総員数の3分の2以上の者が出席し、過半数の賛成があったとき、長は失職する。

5．誤り。議会が感染症予防のために必要な経費を削除または減額する議決をし、当該地方公共団体の長が再議に付してもなお、議会が当該経費を削除または減額する議決をしたときは、長は、その議決を不信任の議決とみなすことができる。

正答　1

地方自治制度

【No. 21】　地方自治法に定める決算に関する記述として、妥当なのはどれか。

1.　普通地方公共団体の長は、毎会計年度、各会計ごとに決算を調製し、出納閉鎖後2か月以内に、会計管理者に提出しなければならない。

2.　監査委員の審査は、普通地方公共団体の議会で行われる適法性についての審査ではなく、計算の的確性等を主眼とする審査であり、誤りが認められた場合には決算審査意見書を当該普通地方公共団体の長に提出する。

3.　普通地方公共団体の長は、監査委員の審査に付した決算を監査委員の意見を付けて次の通常予算を議する会議までに議会の認定に付さなければならない。

4.　給与の会計年度所属区分は、現金主義に基づき、実際に支給した日の属する年度である。

5.　各会計年度において決算上剰余金を生じたときは、原則として基金に編入しなければならないが、当該普通地方公共団体の議会の議決により翌年度の歳入に編入することができる。

【No. 22】　地方自治法に定める物品又は債権に関する記述として、妥当なのはどれか。

1.　地方自治法に定める物品とは、普通地方公共団体の所有に属する現金及び動産をいい、普通地方公共団体が使用のために保管する動産については物品に含まれない。

2.　物品に関する事務に従事する職員は、その取り扱う全ての物品について普通地方公共団体から譲り受けることができない。

3.　地方自治法に定める債権とは、税金等公法上の金銭の給付を目的とする普通地方公共団体の権利をいい、物件の売払代金等の私法上の債権は含まれない。

4.　普通地方公共団体の長は、債権について、条例の定めるところにより、その徴収停止又は履行期限の延長をすることができるが、当該普通地方公共団体の議会の議決を経なければ、当該債権に係る債務の免除をすることはできない。

5.　普通地方公共団体の長は、債権について、履行期限までに履行しない者があるときは、期限を指定してこれを督促しなければならない。

【解説　No. 21】　　　　　　　　　　Ⅰ類事務、Ⅰ類技術
1．誤り。会計管理者が、毎会計年度、決算を調製し、出納閉鎖後3か月以内に、普通地方公共団体の長に提出しなければならない。
2．誤り。監査委員は、決算の適法性についても審査する。
3．正しい。
4．誤り。給与の会計年度所属区分は、これを支給すべき事実の生じたときの属する年度である。
5．誤り。各会計年度において決算上剰余金を生じたときは、翌年度の歳入に編入しなければならない。ただし、条例の定めるところにより、または普通地方公共団体の議会の議決により、剰余金の全部または一部を翌年度に繰り越さないで基金に編入することができる。

正答　3

地方自治制度

【解説　No. 22】　　　　　　　　　　Ⅰ類事務、Ⅰ類技術
1．誤り。現金は物品に含まれず、地方公共団体が使用のために保管する動産は物品に含まれる。
2．誤り。物品の譲り受け禁止については、政令で定める物品を除くとされている。地方自治法施行令において、政令で定める物品は、「証紙その他その価格が法令の規定により一定している物品」及び「売払いを目的とする物品又は不用の決定をした物品で普通地方公共団体の長が指定するもの」とされている。
3．誤り。債権とは、金銭の給付を目的とする普通地方公共団体の権利をいうため、私法上の収入金に係るものでも債権に含まれる。
4．誤り。地方公共団体の長は、債権について、政令の定めるところにより、その徴収停止、履行期限の延長又は当該債権に係る債務の免除をすることができる。
5．正しい。

正答　5

【No. 23】　地方自治法に定める住民監査請求に関する記述として、妥当なのはどれか。

1.　住民監査請求ができる住民は、当該普通地方公共団体に住所を有し、かつ選挙権を有する者である。

2.　住民監査請求ができる住民は、政令で定めるところによりその総数の3分の1以上の連署をもって、その代表者から監査委員に対し、住民監査請求をすることができる。

3.　住民監査請求は、正当な理由がない限り、違法若しくは不当な行為のあった日又は当該行為の終わった日から1年を経過したときは、行うことができない。

4.　住民監査請求があった場合において、監査委員が、請求に理由がないと認めるときは、その旨を口頭又は書面により請求人並びに請求人が住所を有する普通地方公共団体の議会及び長に通知するとともに、公表しなければならない。

5.　監査委員は、請求に理由があると認める場合には、当該普通地方公共団体の議会、長その他の執行機関に対する勧告権が与えられているが、職員に直接勧告する権限はない。

【No. 24】　地方自治法に定める指定都市又は中核市に関する記述として、妥当なのはどれか。

1.　指定都市は、政令で指定する人口100万人以上かつ面積100平方キロメートル以上を有する市であることが要件とされている。

2.　指定都市は、市長の権限に属する事務を分掌させるため、条例でその区域を分けて法人格を有する区を設けることができる。

3.　指定都市は、条例で区に代えて総合区を設け、区域内の事務を総合区長に執行させることができる。

4.　中核市は、政令で指定する人口30万人以上かつ面積50平方キロメートル以上を有する市であることが要件とされている。

5.　中核市の指定に係る手続について、総務大臣は、中核市の指定に係る政令の立案を、関係市を包括する都道府県の知事からの申出に基づき行うものとする。

【解説　No.　23】　　　　　　　　　　　　　Ⅰ類事務、Ⅰ類技術

1．誤り。住民監査請求の請求権者は、「地方公共団体の住民」とされており、選挙権は問われない。

2．誤り。住民監査請求を行うに当たって連署の要件はなく、一人でも実施できる。

3．正しい。

4．誤り。監査委員は、当該請求に理由がないと認めるときは、理由を付してその旨を書面により請求人に通知するとともに、公表しなければならない。

5．誤り。監査委員は、当該請求に理由があると認めるときは、当該普通地方公共団体の議会、長その他の執行機関又は職員に対し期間を示して必要な措置を講ずべきことを勧告することができる。

正答　3

地方自治制度

【解説　No.　24】　　　　　　　　　　　　　　　　Ⅰ類事務

1．誤り。政令で指定する人口50万以上の市が指定都市である。面積要件はない。

2．誤り。行政上の区画であり、法人格はない。

3．正しい。

4．誤り。政令で指定する人口20万以上の市が中核市である。面積要件はない。

5．誤り。総務大臣は、中核市の指定に係る政令の立案をしようとするときは、関係市からの申出に基づき行うものとされる。

正答　3

【No. 25】　地方自治法に定める附属機関に関する記述として、妥当なのはどれか。

1.　普通地方公共団体は、法律、条例又は規則の定めるところにより附属機関を置くことができる。

2.　附属機関は、長の権限に属する事務の補助執行機関として設置され、専門技術的見地からの調査等を行い自ら行政執行に当たる。

3.　附属機関を組織する委員その他の構成員は、原則として常勤とされているが、その他の構成員については、非常勤とすることもできる。

4.　附属機関の庶務は、法律又はこれに基づく政令に特別の定めがあるものを除き、その属する執行機関において処理する。

5.　附属機関のうち、単独で活動する自治紛争処理委員は、職務を行うために要する費用の弁償を受けることはできるが、報酬を受けることはできない。

【No. 26】　地方公務員法に定める臨時的任用に関する記述として、妥当なもののみを全て挙げているのはどれか。

ア　臨時的任用職員について、本法律において、臨時又は非常勤の顧問、参与、調査員、嘱託員等が例示列挙されている。

イ　人事委員会を置く地方公共団体では、任命権者は、自らの判断で、人事委員会規則に基づき、臨時的任用ができる。

ウ　任命権者は、臨時的任用職員がその職務を良好な成績で遂行した場合であっても、正式任用に際して、いかなる優先権も与えることはできない。

エ　臨時的任用職員は、正式任用された職員と同様に、勤務条件に関する措置要求を行うことや職員団体に加入することができる。

オ　臨時的任用職員は、その意に反して分限処分又は懲戒処分を受けても、不利益処分に関する審査請求を求めることはできない。

1.　ア、イ
2.　ア、ウ
3.　イ、エ
4.　イ、エ、オ
5.　ウ、エ、オ

【解説 No. 25】 I類事務

1．誤り。附属機関の設置は、法律または条例の定めるところによる。

2．誤り。附属機関には、執行権はない。

3．誤り。附属機関を組織する委員その他の構成員は、非常勤とされる。

4．正しい。

5．誤り。普通地方公共団体は、自治紛争処理委員も含め、附属機関の委員に対して報酬を支給しなければならない。

正答　4

【解説 No. 26】 I類事務、I類技術、II類

ア　誤り。臨時に任用される場合でも、顧問、参与、調査員、嘱託員等、専門的な知識経験などに基づいて任命される者は特別職であり、ここでいう臨時的の任用職員ではない。

イ　誤り。臨時的任用においては、人事委員会の承認が必要である。

ウ　正しい。

エ　正しい。

オ　正しい。

正答　5

【No. 27】　地方公務員法に定める人事委員会又は公平委員会に関する記述として、妥当なのはどれか。

1.　人事委員会は、給与、勤務時間その他の勤務条件に関し講ずべき措置について地方公共団体の議会若しくは長又は任命権者に勧告しなければならない。

2.　公平委員会の行政的権限は限定されており、人事行政に関する調査、研究を行うことはできるが、職員団体の登録の効力を停止又は取り消すことはできない。

3.　委員のうち二人以上が同一の政党に属することとなった場合には、人事行政の中立性及び公平性の観点から、いずれの委員も失職する。

4.　地方公共団体の長は、委員に職務上の義務違反があった場合、議会の常任委員会又は特別委員会で公聴会を開き、議会の同意を得て、当該委員を罷免できる。

5.　委員は、地方公共団体の議会の議員及び当該地方公共団体の全ての地方公務員の職を兼ねることはできない。

【No. 28】　地方公務員法に定める定年前再任用短時間勤務制又は管理監督職勤務上限年齢制（いわゆる「役職定年制」）に関する記述として、妥当なのはどれか。

1.　定年前再任用短時間勤務制とは、任命権者が、60歳に達した日以後定年前に退職した職員を、本人の意向を踏まえ、従前の勤務実績等に基づく選考により、短時間勤務の職で再任用することができる制度である。

2.　定年前再任用短時間勤務制において、任命権者は、職員が60歳に達する年度に、60歳以後の勤務条件に関する情報を提供するとともに、職員の60歳以後の勤務の意思を確認しなければならない。

3.　定年前再任用短時間勤務職員の任期は、原則として1年を超えない範囲内で定めなければならないが、特段の事情がある場合は、1年を超えて任期を定めることもできる。

4.　役職定年制において、管理監督職にある職員がその勤務上限年齢に達した場合は、当該職勤務上限年齢に達した日に、降任又は降給を伴う転任により、原則として管理監督職以外の他の職へ異動しなければならない。

5.　役職定年制において、任命権者は、職務遂行上の特別の事情を勘案し、他の職への降任等により、公務運営上著しい支障が生ずる事由として本法律で定める事由があるときは、引き続き当該職のまま5年間勤務させることができる。

【解説　No.　27】　　　　　　　　　　　　　Ⅰ類事務、Ⅰ類技術、Ⅱ類

1．誤り。給与、勤務時間その他の勤務条件に関し講ずべき措置については、地方公共団体の議会及び長に勧告することとされている。

2．誤り。人事行政に関する調査、研究は人事委員会の権限であり、公平委員会の権限ではない。職員団体の登録の効力停止又は取り消すことについては、人事委員会、公平委員会ともに権限を有する。

3．誤り。委員のうち二人以上が同一の政党に属することとなった場合には、これらの者のうち一人を除く他の者は、地方公共団体の長が議会の同意を得て罷免するものとするとされている。

4．正しい。

5．誤り。執行機関の附属機関の委員その他の構成員は兼職禁止から除くとされている。

正答　　4

【解説　No.　28】　　　　　　　　　　　　　　　　　　　　Ⅰ類事務

1．正しい。

2．誤り。情報提供及び意思の確認は、60歳に達する年度の前年度に行わなければならない。

3．誤り。任期は、採用の日から定年退職日相当日までとされている。

4．誤り。当該管理監督職勤務上限年齢に達した日の翌日から同日以後における最初の4月1日までの間が異動期間とされている。

5．誤り。職務遂行上の特別の事情を勘案して異動期間を延長する場合、1年間を超えない範囲内で延長することができ、再延長することもできるが、最大で3年間とされている。

正答　　1

106

【No. 29】　地方公務員法に定める離職に関する記述として、妥当なのはどれか。

1.　離職には退職及び失職があり、定年による退職及び辞職は退職に、死亡退職及び任用期間の満了は失職に、それぞれ分類される。

2.　欠格条項該当による失職、分限免職、懲戒免職及び定年による退職については、本法律に定められているが、辞職については規定がない。

3.　定年年齢については、地方公共団体の職員の退職管理及び人事管理の基本となるものであるため、地方自治の本旨にも適合するよう、一般的な国の職員の定年年齢の基準によらず、条例で別に定めるとされている。

4.　退職による離職の法的効果は、職員が任命権者から退職させる旨の辞令交付を受けたときに生じると解されており、退職願の撤回は、退職処分の辞令を交付される前においては、特段の制約はなく自由であると判示されている。

5.　地方公共団体の長は、職務遂行上の特別の事情を考慮し、退職により公務運営に著しい支障が生じる場合は、本法律で定める手続により、定年退職となる職員を引き続き同一職務で勤務させることができるとされている。

【No. 30】　地方公務員法に定める争議行為等の禁止に関する記述として、妥当なのはどれか。

1.　公務員は、憲法が保障する労働基本権を有するが、職務には公共性があり、本法律によって勤務条件が定められ、身分が保障されており、かつ適切な代替措置が講じられていることから、争議行為については一部制限されている。

2.　本法律における争議行為等とは、同盟罷業、怠業、作業所閉鎖など、当事者の主張を貫徹することを目的として行う行為及びこれに対抗する行為であって、業務の正常な運営を阻害するものとされている。

3.　本法律に違反して争議行為等を計画し、助長するなどの行為をした者に対しては、職員であると職員以外の者であるとを問わず、罰則が適用される。

4.　職員が争議行為等を行ったことを理由として懲戒処分を受けた場合、人事委員会又は公平委員会に対して審査請求をすることはできない。

5.　職員個人が独自に業務の正常な運営を阻害する行為を行った場合は、争議行為に該当するとともに、職務専念義務違反に該当する。

【解説　No.　29】　　　　　　　　　　　　　　　　Ⅰ類事務

1．誤り。定年退職は失職に分類され、死亡退職は退職に分類される。

2．正しい。

3．誤り。国の職員につき定められている定年を基準として条例で定めるものとされる。

4．誤り。退職処分の辞令交付前であっても、退職願を撤回することが信義に反すると認められるような特段の事情がある場合には、その撤回は許されないと判示されている。

5．誤り。条例で定めるところにより引き続き勤務させることができるとされている。

正答　2

【解説　No.　30】　　　　　　　　　　　Ⅰ類事務、Ⅰ類技術、Ⅱ類

1．誤り。公務員は、一律に争議行為を禁止されている。

2．誤り。地方公務員法において、職員は、同盟罷業、怠業その他の争議行為又は地方公共団体の機関の活動能率を低下させる怠業的行為をすることが禁止されている。怠業的行為は、怠業行為のうちでも、争議行為には至らないもの、すなわち勤務能率を低下させるが、業務の正常な運営を阻害する行為には当たらないものを指すと解される。

3．正しい。

4．誤り。争議行為等をした者は、その行為の開始とともに法令・条例・規則・規定に基づいて地方公共団体に対し保有する任命上・雇用上の権利をもって対抗できなくなると定められている。しかし、争議行為が行われたかの確認のため、懲戒処分を受けた場合は、審査請求をすることができる。

5．誤り。争議行為は団体で行動するものである。

正答　3

【No. 31】　地方公務員法に定める懲戒に関する次のア〜エの記述のうち、妥当なものを選んだ組合せはどれか。

ア　懲戒処分の事由は、法定事項として、本法律違反、職務上の義務違反、職務怠慢、全体の奉仕者としてふさわしくない非行などが定められている。

イ　任命権者は職員の義務違反に対して、懲戒処分を行うかどうか、また、いずれの懲戒処分を行うかについて、裁量権は認められていない。

ウ　懲戒処分は、戒告、減給、停職、免職の４種類に限定されており、懲戒処分の手続及び効果は、原則として条例で定めることとされている。

エ　懲戒処分と分限処分について、両者は職員にとって不利益な処分を科すことから、同一事由について、懲戒処分と併せて分限処分を行うことはできない。

1.　ア、イ
2.　ア、ウ
3.　ア、エ
4.　イ、ウ
5.　イ、エ

【No. 32】　地方公務員法に定める服務の根本基準又は服務の宣誓等に関する記述として、妥当なのはどれか。

1.　服務とは、勤務時間内において職務に服する職員が守るべき義務ないし規律をいい、退職後も適用される秘密を守る義務は、服務に含まれない。

2.　職員は、条例の定めるところにより、服務の宣誓をしなければならないと規定されており、この宣誓は住民に対して行うものと解されている。

3.　職員の服務上の義務は、採用後に服務の宣誓を行うことによって生じると解されている。

4.　職員は、全体の奉仕者として公共の福祉のために勤務しなければならず、災害等非常時の場合は、無定量な勤務に服する場合がある旨規定されている。

5.　職務上の義務とは、職員が職務を遂行するに当たって守るべき義務をいい、信用失墜行為の禁止は、職務上の義務に該当する。

【解説 No. 31】 I類事務、I類技術、II類

ア　正しい。

イ　誤り。懲戒を行うかどうか、どの種類の処分を選択するかについて、任命権者に裁量権が認められている。

ウ　正しい。

エ　誤り。懲戒処分と分限処分はその趣旨目的が異なるため、同一事由について併科できる。なお、同一事由について複数の懲戒処分を併科することはできない。

正答　2

【解説 No. 32】 I類事務、I類技術、II類

1．誤り。職員は、職務上知り得た秘密を漏らしてはならず、その職を退いた後も、また、同様とするとされている。

2．正しい。

3．誤り。職員は、服務の宣誓をしなければならないとされているが、服務上の義務は、採用によって当然に生じると解される。

4．誤り。服務の根本基準として、「職員は、全体の奉仕者として公共の利益のために勤務し、かつ、職務の遂行に当たっては、全力を挙げてこれに専念しなければならない」と規定されているが、問題文のように、非常時に無定量な勤務に服する場合があるとの規定はない。

5．誤り。信用失墜行為の禁止は、身分上の義務に該当する。

正答　2

地方公務員制度

110

【No. 33】　　地方公務員法に定める政治的行為の制限に関する記述として、妥当なのはどれか。

1.　職員は、政党その他の政治団体の結成に関与し、又はこれらの団体の役員及び構成員となってはならない。

2.　職員が、特定の候補者に投票をするように勧誘運動をした場合は、政治的行為の制限に違反することから、本法律に基づく懲戒処分及び罰則の適用対象になる。

3.　職員が、特定の政党その他の政治団体等を支持する目的をもって、署名運動を企画することは、職員の属する地方公共団体の区域の内外を問わず、禁止されている。

4.　職員は、その属する地方公共団体の区域の内外を問わず、特定の政党を支持する目的をもって、寄付金等を提供することは禁止されていない。

5.　職員団体が政治的活動を行うことは禁止されていないため、職員団体の業務に専ら従事するため休職となっている職員が、職員団体の行動の一環として政治的行為を行うときは、当該職員は政治的行為の制限を受けない。

【解説　No.　33】　　　　　　　　　　Ⅰ類事務、Ⅰ類技術、Ⅱ類

1．誤り。職員は、政党その他の政治的団体の結成に関与すること、役員になること及び、構成員となるように、若しくはならないように勧誘運動をしてはならないとされているが、構成員になってはならないとはされていない。

2．誤り。懲戒処分の対象にはなるが、罰則の適用対象にはならない。

3．誤り。特定の政治目的を持って署名運動を企画することは、職員の属する地方公共団体の区域内でのみ禁止される。

4．正しい。

5．誤り。職員団体の業務に専ら従事するために休職となっていても、職員としての身分を保有しており、政治的行為の制限を受ける。

正答　　4

地方公務員制度

112

【No. 34】　地方公務員の労働基本権に関する次の表の空欄A～Dに当てはまる語句ア～カの組合せとして、妥当なのはどれか。

区　分	団結権		団体交渉権	
	職員団体	労働組合		
A	○	○	職員団体 △	労働組合 ○
B	○		△	
C	×	×	×	
D		○	○	

○…制限なし　　△…一部制限　　×…禁止

ア　一般職員　　イ　企業職員　　ウ　教育職員
エ　警察職員　　オ　消防職員　　カ　単純労務職員

	A	B	C	D
1.	イ	ア、ウ	エ、オ	カ
2.	カ	ア、ウ	エ、オ	イ
3.	イ、カ	ア、ウ	エ、オ	該当なし
4.	該当なし	ア、ウ	エ、オ	イ、カ
5.	該当なし	ア、ウ、オ	エ	イ、カ

【解説　No.　34】　　　　　　　Ⅰ類事務、Ⅰ類技術、Ⅱ類

A　単純労務職員：職員団体及び労働組合を結成できる。職員団体について
　は、管理運営事項を交渉対象にはできないので、団体交渉権は一部制限を
　受ける。
B　一般職員、教育職員：職員団体を結成できる。前述のとおり職員団体
　は、団体交渉権について一部制限を受ける。
C　警察職員、消防職員：団結権、団体交渉権ともに認められない。
D　企業職員：労働組合を結成できる。団体交渉権も特段の制限はない。

正答　　2

【No. 35】　地方公務員法に定める信用失墜行為の禁止に関する記述のうち、妥当なものののみを全て挙げているものはどれか。

ア　信用失墜行為は、法律上の規範として定められたものであることから、当該行為に当たるか否かは、任命権者が社会通念に基づき判断するものではない。

イ　信用失墜行為の禁止に該当する行為とは、勤務時間内における職員の職務を遂行する上での行為を指し、職務と直接関係ない行為は含まれない。

ウ　職員が職務と無関係な一市民として法令に違反した場合は、信用失墜行為に該当することはない。

エ　信用失墜行為の禁止違反については、本法律に罰則規定は定められてはいないが、懲戒処分の対象にはなる。

1.　ア

2.　エ

3.　ア、イ

4.　ア、ウ

5.　イ、ウ、エ

【No. 36】　都の組織に関する記述として、妥当なのはどれか。

1.　都議会には、総務委員会や議会運営委員会等、九つの常任委員会が置かれ、議員は、1年の任期でいずれか一つの常任委員会の委員となる。

2.　知事は、都を統轄し都を代表する機関であり、執行機関として、自治事務及び機関委任事務を管理し及びこれを執行する。

3.　都の地方公営企業局は、交通局、水道局及び下水道局であり、その管理者は業務執行に関して都を代表し、企業管理規程の制定、契約の締結等の権限を有する。

4.　東京消防庁は、消防組織法に基づき、東京都全域の消防事務を処理し、東京消防庁の長である消防総監は知事により任命される。

5.　行政委員会は、知事への権限の集中による弊害を防ぐため、知事から独立した機関とされており、当該行政委員会に係る予算の調製及び執行の権限を有する。

【解説 No. 35】　　　　　　　　　Ⅰ類事務、Ⅰ類技術、Ⅱ類
ア　誤り。信用失墜行為に該当するかは、一般的な基準は立てがたく、任命
　権者が社会通念に基づいて個々の場合に応じて判断する。
イ　誤り。職務と直接関係のない個人としての行為であっても、信用失墜行
　為の禁止に該当する行為に含まれる。
ウ　誤り。職務と無関係な一市民として法令に違反した場合でも、職員が地
　方公務員としての身分を有している以上信用失墜行為に該当し得る。
エ　正しい。

正答　2

【解説 No. 36】　　　　　　　　　Ⅰ類事務、Ⅰ類技術、Ⅱ類
1．誤り。議会運営委員会は、議会の円滑な運営を図るために設置されてい
　るもので、常任委員会には含まれない（『職員ハンドブック2023』82ペー
　ジ）。
2．誤り。知事は、執行機関として、都の処理する事務のうち、法定受託事
　務を除いたもの（自治事務）と、国が本来果たすべき役割に係るもので
　あって、国においてその適正な処理を特に確保する必要があるものとして
　法律またはこれに基づく政令に特に定めるもの（法定受託事務）を管理、
　執行する（『職員ハンドブック2023』84ページ）。
3．正しい（『職員ハンドブック2023』85ページ）。
4．誤り。東京消防庁の管轄区域は、特別区の区域に限られるものである
　が、地方自治法に基づき、多摩地域の29市町村の消防事務も委託を受けて
　処理している（『職員ハンドブック2023』86ページ）。
5．誤り。行政委員会などに係る予算の調製及び執行、議案の提出等の権限
　は、知事のみが行使する。ただし、都では、予算の執行については知事
　が、行政委員会等の事務局の長等に補助執行させている（『職員ハンド
　ブック2023』86ページ）。

正答　3

地方公務員制度
都政実務

【No. 37】 「東京都職員人材育成基本方針」等に基づく職員の人材育成に関する記述として、妥当なのはどれか。

1.　一般職に求められる能力については、職務遂行力、組織運営力及び課題設定力の三つに整理されており、そのうち、主任においては、組織運営力がより重要になるとしている。

2.　管理職に求められる能力については、職級が上がるにつれ、組織が向かうべき方針を実現する実行力が強く求められるとしている。

3.　本方針では、職員が目指すべき到達目標を示しており、監督職においては「プロ職員としての資質に磨きをかける」とし、具体的には「国や民間団体と伍して政策論争でき、都庁内外に影響力のある人材」としている。

4.　マネジメント・レビューは、対象者の職場における取組姿勢や行動について、部下や同僚など周囲からの声を、課長から監督職にフィードバックする仕組みである。

5.　昨年10月に策定された「東京都人事交流基本方針」においては、全ての職員が若手・中堅期に外部との交流を経験できるよう派遣者数を大幅に拡大するなど、人事交流を通じた職員の人材育成を推進することとしている。

【解説 No. 37】　　　　　　　　　　Ⅰ類事務、Ⅰ類技術、Ⅱ類

1．誤り。一般職に求められる能力は、職務遂行力、組織支援力、取り組み
　姿勢の3つに整理されている。また、主任においては組織支援力がより重
　要とされている。

2．誤り。管理職に求められる能力として、組織の向かうべき方針を立てる
　課題設定力が強く求められる。また、課題の実現に当たっては、組織運営
　力がより求められる。

3．誤り。監督職の目指すべき到達目標として、具体的には「玄人としての
　卓越性を有し、部下職員や関係部署から頼りにされる人材」としている。

4．誤り。マネジメント・レビューは上司である部長級から面談等を通じて
　管理職へフィードバックする仕組みである。

5．正しい。

正答　5

都
政
実
務

【No. 38】　都におけるコンプライアンスに関する記述として、妥当なのはどれか。

1.　都は、コンプライアンスの推進に関し、令和5年度の全庁重点テーマとして「職場環境の変化に応じた確実な情報共有」を設定し、実行することで、都民サービスの向上につなげることを目指すとしている。

2.　都は、服務規程の中でセクシュアル・ハラスメント、妊娠・出産・育児又は介護に関するハラスメント及びパワー・ハラスメントの禁止を明記し、これらのハラスメントの防止に積極的に取り組んでいる。

3.　利害関係者とは、職員の職務に利害関係がある団体及び個人のことをいい、職員の異動前に利害関係者であった者は、異動後1年間を経過するまでは、当該職員の利害関係者とみなすこととされている。

4.　都の退職管理制度において、職員は、退職後に営利企業等に再就職した元職員から法律で禁止される要求又は依頼を受けたときは、総務局コンプライアンス推進部にその旨を届け出なければならない。

5.　都の公益通報制度では、都民は、都の事務又は事業に係る職員の行為について、法令違反や意見、要望がある場合、全庁窓口、各局窓口及び弁護士窓口に通報することができる。

【解説　No.　38】　　　　　　　　　　Ⅰ類事務、Ⅰ類技術、Ⅱ類

1．誤り。令和5年度の全庁重点テーマは「効果的な情報発信」「ルールの十分な理解と適正な業務執行」である。

2．正しい（『職員ハンドブック2023』285ページ）。

3．誤り。異動の日から起算して3年間は当該職員の利害関係者とみなすとされている（『職員ハンドブック2023』287ページ）。

4．誤り。元職員から働きかけを受けた職員は、人事委員会にその旨を届け出なければならない（『職員ハンドブック2023』287ページ）。

5．誤り。都民は、東京都の事務または事業に係る職員の行為について、法令（都の条例、規則及び訓令を含む）違反があると思われる場合に、弁護士が通報を受け付ける「弁護士窓口（外部窓口）」と、都の「全庁窓口（内部窓口）」に通報することができる（『職員ハンドブック2023』289ページ）。

正答　2

都政実務

【No. 39】　都の一般職の人事考課制度に関する記述として、妥当なのはどれか。

1.　人事考課制度は、職員の業績、意欲、適性等を客観的かつ継続的に把握し、職員の能力開発、任用・給与制度、配置管理等へ反映させるもので、業績評価制度及び自己申告制度の二つから構成されている。

2.　業績評価制度の被評定者は、条件付採用期間中の職員及び管理職候補者を除く監督職及び一般職であり、毎年度12月31日を評定基準日とし、前回の評定基準日の翌日又は採用の日から今回の評定基準日までを評定対象期間としている。

3.　業績評価制度では、１年間の仕事の成果に着目して４段階の絶対評価により所属課長が第一次評定を行い、最終評定は、第一次評定を踏まえて５段階の相対評価により所属部長が行う。

4.　自己申告制度は、人事異動に関する意見や職務上見られた優れた行動、現職場における有用な経験等を把握することにより、職員の配置管理や任用制度に活用するとともに、効果的な人材育成に資することを目的としている。

5.　所属課長は、職員から提出された自己申告を基に面接を行い、十分な意見交換により職員の適性等を十分に踏まえた上で、職務に関する強み、今後伸ばすべき能力、評定結果等を人材情報に記入する。

【No. 40】　都における文書の起案に関する記述として、妥当なのはどれか。

1.　起案は、原則として、電子起案方式により行い、書面起案方式は、重要施策等で回付時に説明が必要な場合などに行うことができる。

2.　収受文書に基づいて起案する場合で、主務課長が認めたときは、当該収受文書の余白を利用して起案を行うことができる。

3.　定例的に取り扱う事案に係る起案については、特例起案帳票を用いることができたが、電子決定を徹底するため、特例起案帳票は廃止された。

4.　重要な事案の決定に当たっては、会議や説明を行った際の議事要旨及びその際に使用された資料など、経過等を明らかにする文書を作成しなければならない。

5.　起案文書の回付における審議は、協議の後に行うこととされており、知事決定事案における関連副知事の審議は知事の決定の直前に行う。

【解説　No.　39】　　　　　　　　　　Ⅰ類事務、Ⅰ類技術、Ⅱ類

1．前半は正しい。後半が誤り。業績評価、自己申告及び人材情報の3つから構成されている。

2．正しい（『職員ハンドブック2023』303ページ）。

3．前半は正しい。後半が誤り。最終評定は、第一次評定を踏まえて5段階の相対評価により人事主管部長が行う。

4．誤り。人事申告制度は、職員一人ひとりが自らの担当職務における課題を発見し、主体的な取組を行うことにより、効果的・効率的な職務遂行を図るとともに、職員と管理職とのコミュニケーションを活性化させ、きめ細かな人材育成と職員の意欲の向上を図ることを目的としている（『職員ハンドブック2023』304ページ）。

5．前半は正しい。後半が誤り。所属課長が人材情報に記入するものは、異動に関する意見、行動特性、職務に関する「強み」、今後伸ばすべき能力等、昇任・認定に関する意見、職員の状況、特記事項・自由意見である（『職員ハンドブック2023』307ページ）。

正答　2

都政実務

【解説　No.　40】　　　　　　　　　　Ⅰ類事務、Ⅰ類技術、Ⅱ類

1．誤り。書面起案方式は、起案文書を利用する職員を限定する必要があるとき、第20条第1項の起案者、第25条第1項の決定関与者又は決定権者のいずれかが文書総合管理システムを容易に利用できる環境にないとき、電子決定方式によることが困難な特別の事情があるときに行うことができる（『職員ハンドブック2023』353ページ）。

2．誤り。収受文書の余白を利用して起案を行うことができるときは、当該事案の内容が軽易なものであるとき（『職員ハンドブック2023』354ページ）。

3．誤り。特例起案帳票は廃止されていない。

4．正しい（『職員ハンドブック2023』362ページ）。

5．前半が誤り。審議は協議に先立って行う（『職員ハンドブック2023』363ページ）。

正答　4

【No. 41】　東京都印刷物取扱規程又は東京都図書類取扱規程に関する記述として、妥当なのはどれか。ただし、局又は所の庶務主管課長は、総務局にあっては総務局総務部文書課長のことをいう。

1.　東京都印刷物取扱規程における印刷物は、書籍、ポスター、リーフレット等の主として紙製の印刷物をいう。

2.　印刷物を作成しようとするときは、印刷物作成の主管課長は、軽易な印刷物については局又は所の庶務主管課長に、重要な印刷物については総務局総務部文書課長に協議しなければならない。

3.　印刷物作成の主管課長は、印刷物作成後直ちに1部を総務局総務部情報公開課に送付しなければならない。

4.　図書類を購入しようとするときは、当該購入の事案について決定又は審議をする課長は、定期購読図書類以外の図書類については局又は所の庶務主管課長に協議しなければならないが、定期購読図書類については協議を要しない。

5.　図書類を廃棄しようとするときは、図書類を管理する課長は、局又は所の庶務主管課長に協議しなければならない。

【No. 42】　都の予算の内容に関する記述として、妥当なのはどれか。

1.　予算は、一般会計と特別会計に区分され、特別会計は、地方公営企業法等、特別法に定めのあるものを含め、全て条例により設置しなければならない。

2.　本予算が当該年度の開始前に成立しない場合は、本予算が成立するまでの間、義務的・経常的経費を主体とした骨格予算を編成して予算措置を行う。

3.　予算は、歳入歳出予算、継続費等、七つで構成され、工期が2か年度以上にわたる工事請負契約の予算については、継続費として定めなければならない。

4.　地方公共団体は、総務大臣の許可を得て地方債を起こすことができるが、起債事業は、公営企業の経費や公共施設等の建設事業費等、5種類とされている。

5.　歳入歳出予算は、款・項・目・節に区分されており、都では、予算統制を強化するために、節を更に細分して細節を置き、節と同様の取扱いをしている。

123

【解説　No.　41】　　　　　　　　　　　　Ⅰ類事務、Ⅰ類技術、Ⅱ類

1．誤り。東京都印刷物取扱規定における印刷物とは、書籍、ポスター、リーフレット、写真、スライド、映画フィルム、ビデオテープ、CD-ROM等の電磁的記録媒体その他一切の印刷物をいう（『職員ハンドブック2023』376ページ）。

2．正しい（『職員ハンドブック2023』376ページ）。

3．誤り。印刷物作成の所管課長は、印刷物作成後直ちに1部を文書課長に送付しなければならない（『職員ハンドブック2023』377ページ）。

4．誤り。定期購読図書類を購入する場合は、局の庶務主管課長に協議する（『職員ハンドブック2023』377ページ）。

5．誤り。図書類を管理する課長は、保管の必要がなくなった図書類があれば、廃棄する（『職員ハンドブック2023』378ページ）。　　　　正答　2

【解説　No.　42】　　　　　　　　　　　　Ⅰ類事務、Ⅰ類技術、Ⅱ類

1．誤り。特別会計は、公共団体が特定の事業を行う場合、その他特定の歳入をもって特定の歳入に充て、一般の歳入歳出と区分して経理する必要がある場合に、条例でこれを設置することができる。ただし、法律に根拠を有する場合には条例を必要としない（『職員ハンドブック2023』388ページ）。

2．誤り。本予算が当該年度の開始前に成立しない場合にとられる予算措置は、暫定予算である（『職員ハンドブック2023』390ページ）。

3．前半は正しい。後半が誤り。工期が2か年度以上にわたる工事請負契約の予算については、債務負担行為として定めなければならない（『職員ハンドブック2023』391ページ）。

4．前半が誤り。後半は正しい。地方債は、平成17年度までは総務大臣の許可を要することになっていたが、平成18年度以降は、事前に総務大臣に協議することにより、起債が可能な協議制度となった。そして平成24年度より、財政状況について一定の基準を満たす地方公共団体については、原則として、民間等資金債の起債に係る協議を不要とし、事前に届け出ることで起債ができる届出制度が導入された（『職員ハンドブック2023』391〜392ページ）。

5．正しい。　　　　　　　　　　　　　　　　　　　　　　　正答　5

都政実務

【No. 43】　都の収入事務に関する記述として、妥当なのはどれか。

1.　歳入徴収者は、徴収すべき歳入の金額が確定したときは直ちに調定し、収支命令者に、調定額等を財務会計システムに登録させなければならない。

2.　歳入徴収者は、原則として、納入通知書により納入の通知を行わなければならないが、その性質上、納入通知書により難い歳入については、金銭出納員と協議し、口頭、掲示その他の方法で納入の通知をすることができる。

3.　納入義務者が納入通知書を紛失、汚損等した場合は、歳入徴収者は、納入義務者に対し、納入通知書を再発行して納付させなければならない。

4.　地方自治法上、使用料又は手数料の徴収については、収入証紙による収入の方法によることができるとされているが、都では、東京都収入証紙条例により、手数料についてのみ収入証紙を用いることができる。

5.　公金の収納の事務は、私人に行わせてはならないとされているため、都では、指定金融機関等への払込み及び金銭出納員への納付により行っている。

【No. 44】　都の新公会計制度に関する記述として、妥当なのはどれか。

1.　新公会計制度は、複式簿記・実現主義会計であり、従来の単式簿記・発生主義会計による官庁会計の欠点を補うために、一般会計及び特別会計に導入された。

2.　新公会計制度で作成する主要な財務諸表は、貸借対照表、行政コスト計算書及びキャッシュ・フロー計算書の三つである。

3.　貸借対照表は、一会計期間における現金収支の状況を、「行政サービス活動」、「社会資本整備等投資活動」及び「財務活動」の三つに区分して表示するものである。

4.　行政コスト計算書は、一会計期間における行政活動に伴う現金及び非現金のコスト並びに当該活動から得られた収入及び税収等を金額により表示するものである。

5.　都財政をマクロな視点から説明するため、民間企業が自らの財務情報を開示するアニュアル・レポートに相当する「主要施策の成果」に、各事業の行政コスト計算書等を掲載している。

【解説 No. 43】 I類事務、I類技術、II類

1. 正しい（『職員ハンドブック2023』410ページ）。
2. 誤り。納入通知書によらない通知方法を採用する場合は、会計管理者との協議が必要である（『職員ハンドブック2023』410ページ）。
3. 誤り。納入通知書の再発行はできない。
4. 前半は正しい。後半が誤り。都においては、東京都収入証紙条例の定めるところにより、手数料についてのみ適用してきたところであるが、平成20年第2回都議会定例会において、東京都収入証紙条例を廃止する条例案が可決され、平成22年4月1日から直接現金で収入することになった（『職員ハンドブック2023』411ページ）。
5. 誤り。公金の徴収または収納の事務は、法令に特別の定めがある場合を除いて私人をして行わせてはならない。特別の定めがある例として、地方公共団体の収入の確保及び住民の便益の増進に寄与すると認められる場合には、私人にその徴収または収納の事務を委託することができる（『職員ハンドブック2023』411ページ）。

正答　1

【解説 No. 44】 I類事務、I類技術、II類

1. 誤り。新公会計制度は、複式簿記・発生主義会計であり、従来の会計制度は単式簿記・現金主義会計である（『職員ハンドブック2023』419ページ）。
2. 誤り。新公会計制度で作成する主要な財務諸表は、貸借対照表、行政コスト計算書、キャッシュ・フロー計算書、正味財産変動計算書の4つである（『職員ハンドブック2023』420ページ）。
3. 誤り。記述は、キャッシュ・フロー計算書の説明である。貸借対照表は「資産」「負債」及び「正味財産」を表示するものである（『職員ハンドブック2023』420ページ）。
4. 正しい（『職員ハンドブック2023』420ページ）。
5. 誤り。都財政をマクロな視点から説明するため、マニュアル・レポートに相当する「東京都年次財務報告書」を公表している。各事業の行政コスト計算書等を掲載しているのは、決算を議会の認定に付す際に併せて提出する「主要施策の成果」である（『職員ハンドブック2023』422ページ）。

正答　4

都政実務

【No. 45】 都の契約締結の方法に関する記述として、妥当なのはどれか。

1. 契約締結の方法は、一般競争入札、指名競争入札、随意契約及びせり売りの四つとされており、指名競争入札、随意契約及びせり売りによることができるのは、政令に定める場合に該当するときに限られている。

2. 一般競争入札は、参加者の資格制限が認められておらず、不特定多数の者に競争を行わせるため、最も公正かつ公平な方法であり、最も経済性が発揮される。

3. 指名競争入札は、特定多数の者を指名し、その者から見積書を徴して、最も有利な条件を提示した者と契約する方法であり、一般競争入札と随意契約のそれぞれの長所を取り入れたものとされる。

4. 随意契約は、発注者が選定した特定の者と契約する方法であり、新商品の生産又は新役務の提供により新たな事業分野の開拓を図る者として知事の認定を受けた者を対象とした随意契約を特命随意契約という。

5. せり売りは、不動産の売払いで当該契約の性質がせり売りに適している場合にのみ行うことができ、指名競争入札の手続に準じて行われる。

【No. 46】 都の個人情報保護制度に関する記述として、妥当なのはどれか。

1. 都では、東京都個人情報の保護に関する条例により、個人情報の取扱いについての基本的事項を定めている。

2. 都では、東京都特定個人情報の保護に関する条例により、都におけるマイナンバーの利用に関して基本的事項を定めるとともに、特定個人情報の取扱いが安全かつ適正に行われるよう東京都個人情報の保護に関する条例の特例を定めている。

3. 本制度における保有個人情報とは、行政機関等の職員が職務上作成又は取得した個人情報であって、組織的に利用するものとして当該行政機関等が保有しているもので、行政文書に記録されているものに限られる。

4. 都では、容易に検索できるよう体系的に構成された100人以上の保有個人情報を含む電子データについて、所定の事項を記載した帳簿を作成し、公表している。

5. 個人情報の開示は、本人による自己の保有個人情報の開示請求が原則であり、本人請求の例外は、未成年者又は成年被後見人の法定代理人が被代理人の個人情報の開示請求をする場合のみとされている。

【解説　No.　45】　　　　　　　　Ⅰ類事務、Ⅰ類技術、Ⅱ類

1．正しい（『職員ハンドブック2023』426ページ）。

2．前半が誤り。後半は正しい。一般競争入札の参加者の資格制限は、政令
　　の定めるところにより認められている（『職員ハンドブック2023』426ペー
　　ジ、428ページ）。

3．誤り。指名競争入札は、特定多数の者を指名し、その者に一般競争入札
　　の手続きに準じて競争を行わせ、最も有利な条件を提示する者と契約する
　　方法であり、一般競争入札と随意契約のそれぞれの長所を取り入れたもの
　　とされる（『職員ハンドブック2023』426ページ〜427ページ）。

4．前半は正しい。後半が誤り。特命随意契約とは、特定の者のみしか履行
　　できない契約のことである（『職員ハンドブック2023』427ページ）。

5．誤り。せり売りは、地方自治法施行令第167条の3により、動産の売払
　　いで当該契約の性質がせり売りに適している場合にのみ行うことができ、
　　おおむね一般競争入札の手続に準じて行われる（『職員ハンドブック2023』
　　427ページ、433ページ）。

正答　1

【解説　No.　46】　　　　　　　　Ⅰ類事務、Ⅰ類技術、Ⅱ類

1．誤り。都は、東京都個人情報の保護に関する条例を廃止している（『職
　　員ハンドブック2023』495ページ）。

2．誤り。都は、東京都特定個人情報の保護に関する条例、東京都個人情報
　　の保護に関する条例を廃止している。

3．正しい（『職員ハンドブック2023』496ページ）。

4．誤り。本人の数が1000人以上の個人情報ファイルについて所定の事項を
　　記載した帳簿（個人情報ファイル簿）を作成・公表する制度が開始される
　　（『職員ハンドブック2023』497ページ）。

5．誤り。令和5年4月1日以降は法に基づく任意代理人も同様に請求でき
　　るようになる（『職員ハンドブック2023』499ページ）。

正答　3

都
政
実
務

【No. 47】　問題解決の技法に関する記述として、妥当なのはどれか。

1.　KJ法は、問題についてチェックすべきポイントをあらかじめリストアップしておき、これを用いて一つずつチェックしていく方法である。

2.　SWOT分析は、事業環境の速さ（Speed）、事業の重要度（Weight）の外部環境要因と、商品の注文状況（Order）、技術（Technology）の内部環境要因とを分析することにより経営戦略を導き出すための手法である。

3.　PERTは、問題がどのような原因によって起きているかを図解化したもので、原因の把握や、解決策を考える際に用いる技法であり、「魚の骨」とも呼ばれる。

4.　ガント・チャートは、スケジュールを管理するときに使う表現方法の一つで、時間を横軸に取って、各作業の日程計画や実績を記入した図表のことである。

5.　パレート図は、アメリカの経済学者パレートが提唱した、1回の重大事故に対し29回の軽災害及び300回の怪我にならない事故が同じ要因から発生しているという、パレートの法則を図にしたものである。

【No. 48】　都政の構造改革（シン・トセイ）の主な取組に関する記述として、妥当なのはどれか。

1.　令和3年4月に施行された東京デジタルファースト条例の中で、全ての職員が遵守すべき基本的な理念を示した行動規範として、デジタル10か条を定めている。

2.　行政サービスの更なるQOS向上のため、東京デジタルファースト推進計画を令和3年7月に策定し、内部手続を除く都の機関等に係る全手続を対象に、令和5年度末までに70％の手続をオンライン化することを目標としている。

3.　未来型オフィスは、デスク、固定電話、紙などに制限されない柔軟で自由に働けるオフィスであり、令和7年度までに都庁本庁舎の全職場及び全事業所を未来型オフィスに転換するよう整備を進めている。

4.　令和4年度中にダッシュボードやチャットGPTを導入するなど、令和7年度のデジタルガバメント・都庁の基盤構築の完遂に向けた取組を進めている。

5.　シン・トセイ職員専用ポータルサイトに職員目安箱やSHIN-QAを設置し、職層や所属を越えてアイデアが飛び交うオープン＆フラットな組織づくりを図っている。

【解説　No.　47】　　　　　　　　　　　　Ⅰ類事務、Ⅰ類技術、Ⅱ類

1．誤り。KJ法は創始者の川喜田二郎の氏名のイニシャルから名付けられた技法
　　で、一見まとめようもない多種多様な事実をありのままに捉え、それを構造的
　　に統合することにより何か新しい意味、アイデアを発見する創造性開発技法・
　　発想法である（『職員ハンドブック2023』544ページ）。

2．誤り。競合相手と比較した自社の強み（Strength）と弱み（Weakness）の内
　　部環境要因と、自社を取り巻くビジネス環境の機会（Opportunity）と脅威
　　（Threat）の外部環境要因を分析することにより経営戦略を導き出すための手法
　　である（『職員ハンドブック2023』548ページ）。

3．誤り。PERTとは、アロー・ダイヤグラムと呼ばれる図を描いて計画を立
　　て、それを実施統制する日程計画と進行管理のための技法である（『職員ハンド
　　ブック2023』548ページ）。

4．正しい（『職員ハンドブック2023』549ページ）。

5．誤り。パレート図は、イタリアの経済学者パレートが提唱した、「社会全体の
　　2割程度の世帯が高額所得世帯であり、彼らの所得や富が社会全体の所得や富
　　の8割程度を占めている」（つまり、世の中の現象は一様に分布しているわけで
　　なく、偏っていることを法則化したもの）という、パレートの法則を図にした
　　ものである（『職員ハンドブック2023』550～551ページ）。　　　　正答　4

【解説　No.　48】　　　　　　　　　　　　Ⅰ類事務、Ⅰ類技術、Ⅱ類

1．誤り。令和4年3月に発行した「東京都デジタルサービスの開発・運用に係
　　る行動指針」で定めている（『職員ハンドブック2023』507ページ）。

2．正しい。

3．誤り。本庁の全ての職場を未来型オフィスに転換し、全ての事業所でデジタ
　　ルツールを活用した業務改革にチャレンジする（『職員ハンドブック2023』510
　　ページ）。

4．誤り。ダッシュボードの運用開始は令和2年度、文書生成AIの利用環境整備
　　を行ったのは令和5年度である。

5．誤り。シン・トセイ職員専用ポータルサイトに職員目安箱は設置されていな
　　い。なお、職層や職種にかかわらず、職員であれば誰でも手軽に提案できる
　　フォームであり、オープン＆フラットに議論しながら、提案の実現や課題の解
　　決を図る取り組みとして、デジタル提案箱＋が設置されている。　　　正答　2

都政実務

【No. 49】　本年2月に交通局が策定した「東京都交通局浸水対策施設整備計画」に関する記述として、妥当なのはどれか。

1.　浸水対策の目的は、「都市機能の維持」「列車の安全・安定輸送」「早期運行再開」「地下鉄ネットワーク全体の減災」の四つとしている。

2.　想定される水害として、都市型水害及び大規模水害（荒川氾濫・高潮）による浸水を対象としている。

3.　荒川氾濫については、建設局と連携してカスリーン台風など過去の水害を解析し、堤防が決壊した場合に、被害が特に大きくなる破堤点が確認できたとしている。

4.　高潮については、港湾局と連携して気候変動の影響を考慮したシミュレーションを行い、地下に流入した水がトンネルや乗換駅の接続部を通じて広がり、地下鉄ネットワークの被害が大きくなることを確認できたとしている。

5.　施設整備計画では、駅出入口には土のう及び防水シャッターを、トンネル及び地下車庫には防水扉を、駅構内には止水板を設置するとしている。

【No. 50】　本年3月に都が改定した「東京都耐震改修促進計画」に関する記述として、妥当なのはどれか。

1.　本計画は、建築基準法に基づき策定するものであり、建築物の所有者が耐震改修促進計画を策定する際の指針となるものであるとしている。

2.　本計画の改定の目的は、令和3年度に公表された新たな被害想定やシン・トセイ3を踏まえ、耐震化施策のバージョンアップを図るためとしている。

3.　本計画では、2050年度末までに耐震性が不十分な全ての住宅の耐震性不足をおおむね解消するとし、このうち新耐震基準の耐震性が不十分な約300万戸の木造住宅を2030年度末までに半減することを新たな目標に設定したとしている。

4.　本計画の取組の方向性として、2000年以前に建築された新耐震基準の木造住宅についても耐震化の支援を開始するとともに、災害時でも居住が継続できる災害に強い住宅への取組を推進するとしている。

5.　本計画では、一般緊急輸送道路沿道建築物について、必要な通行機能がおおむね確保できる水準として、総合到達率を99％以上とし、かつ、区間到達率95％未満の区間を解消することを、2025年度末までの目標としたとしている。

【解説 No. 49】 Ⅰ類事務、Ⅰ類技術、Ⅱ類
1．誤り。「お客様の安全確保」「早期運行再開」「地下鉄ネットワーク全体の減災」の三つである。
2．正しい。
3．誤り。東京メトロと連携してシミュレーションを実施した。
4．誤り。東京メトロと連携してシミュレーションを実施した。
5．誤り。駅出入口には止水板、防水扉及び防水シャッターを、トンネル及び地下車庫には防水ゲートを、駅構内には防水扉を設置するとしている。

正答 2

【解説 No. 50】 Ⅰ類事務、Ⅰ類技術、Ⅱ類
1．誤り。本計画は、建築物の耐震改修の促進に関する法律に基づき策定するものであり、区市町村が耐震改修促進計画を策定する際の指針となるものである。
2．誤り。本計画の改定の目的は、令和4年度に公表された、新たな被害想定やTOKYO強靭化プロジェクトを踏まえ、新耐震基準の木造住宅や緊急輸送道路沿道建築物などの耐震化施策のバージョンアップを図るためとしている。
3．誤り。本計画では、2035年度末までに耐震性が不十分な全ての住宅をおおむね解消することを目指し、このうち新耐震基準の耐震性が不十分な約20万戸の木造住宅を2030年度末までに半減することを中間の目標としている。
4．正しい。
5．誤り。本計画では、特定緊急輸送道路沿道建築物について、総合到達率を99％以上とし、かつ、区間到達率95％未満の区間を解消することを、2025年度末までの目標としたとしている。

正答 4

都政事情

132

【No. 51】　本年3月に都が策定した「東京港カーボンニュートラルポート（CNP）形成計画」に関する記述として、妥当なのはどれか。

1.　本計画は、荷主等が利用する港湾を選択するに当たり、環境への配慮の視点や脱炭素化に向けた取組の有無が重要な要素となりつつあることから、東京港の脱炭素化に向けた取組を戦略的に推進していくため策定されたものである。

2.　本計画は、東京港を中心に、川崎港、横浜港、千葉港など東京湾地域全体を対象とし、具体的な取組やロードマップを定めたものであり、港湾地域における面的・効率的な脱炭素化を、関連する自治体で連携しながら推進するとしている。

3.　本計画の計画期間は2050年までとし、温室効果ガス削減目標に加え、再生可能エネルギー電力の利用割合について、2026年までに50%、2030年までに80%とする目標を設定している。

4.　本計画では、コンテナふ頭の機能強化やトラックの大型化、ICTを活用した物流効率化等の交通負荷軽減を通じた環境負荷軽減に取り組むとともに、荷役機械等の省エネ化や港湾施設等における風力発電設備の導入を進めるとしている。

5.　本計画では、水素等次世代エネルギーの普及や次世代エネルギー船への利用転換、BRT等での次世代エネルギー活用や自立分散型発電設備の整備、水素・天然ガス等の供給体制構築を進めるとしている。

【No. 52】　本年3月に下水道局が策定した「アースプラン2023」に関する記述として、妥当なのはどれか。

1.　地球温暖化対策を着実に推進するため、エネルギー対策に優先して、まずは下水道事業の境界内における脱炭素化の取組に特化していくとしている。

2.　計画期間は2023年度から2040年度とし、温室効果ガス排出量を2040年度までに2021年度比で50%以上削減することを目標としている。

3.　下水道事業では、温室効果ガスとして、電力や石炭等の使用に伴うエネルギー起源の二酸化炭素に加え、窒素やメタンを排出するとしている。

4.　下水熱は地球温暖化の要因の一つとなっているため、下水の温度を下げる取組を推進していくとしている。

5.　2050年ゼロエミッション実現に向けて、ペロブスカイト太陽電池などの革新的技術の導入を推進するとしている。

【解説　No.　51】　　　　　　　　　Ⅰ類事務、Ⅰ類技術、Ⅱ類

1．正しい。

2．誤り。本計画は、東京港を利用する港運事業者、船会社、トラック事業者等の民間事業者等を含む港湾地域全体を対象とし、脱炭素化に配慮した港湾機能の高度化や港湾に立地する産業との連携について、具体的な取り組みやロードマップを定めるものである。

3．誤り。再生可能エネルギー電力の利用割合を2026年までに30％程度、2030年までに50％程度とする目標を設定している。

4．誤り。コンテナふ頭の機能強化やモーダルシフト、ICTを活用した物流効率化等の交通負荷軽減を通じた環境負荷軽減に取り組むとともに、荷役機械等の省エネ化や港湾施設等における太陽光発電設備の導入を進めるとしている。

5．誤り。水素等次世代エネルギーの普及や次世代エネルギー船等の就航も見据え、船舶や荷役機械、構内トラック等での次世代エネルギー活用や自立分散型発電設備の整備、水素・燃料アンモニア等の供給体制構築を進めるとしている。

正答　　1

【解説　No.　52】　　　　　　　　　Ⅰ類事務、Ⅰ類技術、Ⅱ類

1．誤り。下水道事業の特性を踏まえて地球温暖化対策とエネルギー対策を一体的に推進することを目的とするとしている。

2．誤り。計画期間は2023年度から2030年度までとし、温室効果ガス排出量を2030年度までに2000年度比で50％以上削減することを目標としている。

3．誤り。下水道事業では、温室効果ガスとして、二酸化炭素、一酸化二窒素、メタンを排出するとしている。

4．誤り。下水道事業の境界（バウンダリー）にとらわれず、下水熱等の下水道資源を利用した取組を推進することで、社会全体のゼロエミッションの実現に貢献するとしている。

5．正しい。

正答　　5

都政事情

134

【No. 53】　本年3月に都が策定した「西新宿地区再整備方針」に関する記述として、妥当なのはどれか。

1. 本方針では、西新宿地区におけるビジネス街としての競争力の強化に加え、「『新宿力』で創造する、やすらぎとにぎわいのまち」の実現に向けて、人が憩い、楽しく歩くことができる都市空間に再編することとしている。

2. 本方針では、青梅街道、甲州街道、山手通り及び新宿駅で囲まれた区域における、幹線道路、公園、公共駐車場及び宿泊施設を有する中高層ビル群のある地区を主な対象としている。

3. 本方針では、10の「まちの特性」と10の「まちの課題」を挙げ、「まちの課題」として、「分かりづらく移動しにくい『都市空間』」、「『公開空地』が不足している」などを挙げている。

4. 本方針では、まちづくりの方向性として、業務・宿泊・教育・行政・住・交通・みどりなど、多様な機能の交流・融合や新たな挑戦を促す空間・仕組みをつくり、次の時代の東京を体感できるまちへ再生するとしている。

5. 本方針では、「多様な人々の滞在を誘発し、居心地が良く誰もが利用できるホールを創出」、「テロ発生時においても都市機能が維持される強靭なまちを形成」などを挙げている。

【解説 No. 53】　　　　　　　　　Ⅰ類事務、Ⅰ類技術、Ⅱ類

1．誤り。ビジネス街としての競争力の強化に加え、就業者や来街者、居住者、学生など西新宿を訪れる多様な人々の交流を促すとともに、人が憩い、楽しく歩くことができる都市空間に再編することとしている。

2．誤り。青梅街道、甲州街道、十二社通り及び新宿駅で囲まれた区域における、幹線道路、公園、公共駐車場及び公開空地を有する超高層ビル群のある地区を主な対象としている。

3．誤り。5の「まちの特性」、5の「まちの課題」を挙げ、「まちの課題」として、「分かりづらく移動しにくい『都市空間』」「『広大な公開空地等』が生かされていない」などを挙げている。

4．正しい。

5．誤り。「多様な人々の滞在を誘発し、居心地が良く誰もが利用できるロビーやテラスを創出」「自然災害においても都市機能が維持される強靭なまちを形成」などを挙げている。

正答　4

都政事情

【No. 54】　本年3月に都が策定した「第2期東京都性自認及び性的指向に関する基本計画」に関する記述として、妥当なのはどれか。

1.　本計画は、平成30年に制定された「東京都人権教育及び人権啓発の推進に関する条例」に基づき、性自認及び性的指向を理由とする不当な差別の解消を目指すために策定された。

2.　当事者は、周囲の詮索・無理解・偏見等、様々な場面で困り事に直面しており、当事者のプライバシーの確保と集中的な普及・啓発を通じ、アライについての理解を浸透させていくことが必要との課題認識を示した。

3.　基本方針を「性的マイノリティ当事者に寄り添う」、「多様な性に関する相互理解を一層推進する」、「東京に集う誰もが共に支え合う共生社会『インクルーシブシティ東京』の実現を目指す」とした。

4.　教育・啓発の推進として、イベント・セミナー等による当事者向け教育、企業向け研修の充実、受講企業によるパートナー企業宣言やフレンド（理解者）の宣言を促す等を掲げている。

5.　庁内外の取組の推進として、全ての行政文書における性別記載欄の即時全面廃止、都及び市区町村が提供する各種サービスにおけるパートナーシップ制度の活用、都内の全ての病院における患者への配慮の義務化等を挙げている。

【解説　No.　54】　　　　　　　　　　　　　Ⅰ類事務、Ⅰ類技術、Ⅱ類

1．誤り。本計画は、平成30年に制定された「東京都オリンピック憲章にうたわれる人権尊重の理念の実現を目指す条例」に基づき、性自認及び性的指向を理由とする不当な差別の解消並びに啓発等の推進を図るために策定された。

2．誤り。当事者は、周囲の無関心・無理解・偏見等の中で、人間関係や学校、職場などの様々な場面で、依然として困り事に直面している現状がある。性自認及び性的指向に関して困難を抱える当事者が、家族、友人、職場の同僚などの誰にも相談できず、一人で悩みを抱えている現状が浮かび上がっている。このような状況に置かれた当事者は、困り事に直面しても、誰に相談すればよいか、どこに行けばよいかなどが分からず、行政による支援などの社会資源から孤立しがちである。このため、声を上げられない当事者が、社会とつながる契機となるよう、社会へのアクセスを確保することが必要とされている。しかし、カミングアウトをしていない当事者は見えにくい存在であることもあり、周囲の気付きや意識改革につながりにくく、困り事の解決が難しいという事情があると考えられる。このため、継続的な普及啓発を通じ、多様な性についての理解を浸透させていくことが必要である。さらに、都総務局委託調査では、LGBTQ層から、パートナーシップ制度等の施策や非当事者との相互理解を望む意見が多数あった。性自認及び性的指向に関する問題は、個人の価値観や家族・婚姻制度等に関わることもあり、都民の間で意見が分かれる。このため、性自認及び性的指向に関する施策を推進していくに当たっては、都民一人ひとりの理解を得ていくことが重要であり、その積み重ねが社会全体の包容力を高めていくことにつながっていく。現行の法制度を前提としながらも、多様な意見を踏まえつつ、取り組んでいくことが必要とされている。

3．正しい。

4．誤り。啓発・教育の推進として、都民等向け啓発（冊子、イベント、セミナー等）、若年層向け学習プログラムの開発・実施の検討、企業向け研修の充実、受講企業によるフレンドリー企業宣言やアライ（理解者）の宣言を促す取組の検討・実施、民間事業者によるパートナーシップ制度の活用を支援する相談体制、事例紹介等の検討・実施等を掲げている。

5．誤り。庁内外の取り組みの推進として、行政文書における性別記載欄の廃止・見直し、都が提供する各種サービスにおけるパートナーシップ制度の活用、都立病院における患者への配慮等を挙げている。　　　　　　　　　正答　3

都政事情

【No. 55】 本年３月に都が策定した「東京における空き家施策実施方針」に関する記述として、妥当なのはどれか。

1. 本実施方針は、空家等対策の推進に関する特別措置法に基づき、都が、空き家等に関する対策を都内全域で総合的かつ計画的に実施するために作成するものとしている。

2. 本実施方針では、全国の空き家率が過去30年間増加を続けているのに対し、都では平成10年からほぼ横ばいであるが、現状ではおよそ10戸に１戸は空き家であり、今後、空き家が更に増えることが懸念されるとしている。

3. 本実施方針では、法に基づく措置の対象を、管理不全空家等になる前段階の空き家に拡大し、固定資産税等の住宅用地特例の適用対象にすることを国へ働きかけていくとしている。

4. 本実施方針では、空き家の種類別内訳において、一般に管理が行き届かない可能性が高い長期不在等の「その他の住宅」が最も多く、次いで、「賃貸用の住宅」、「売却用の住宅」の順となっているとしている。

5. 本実施方針では、「既存住宅市場での流通促進」、「倒壊のおそれがある空き家の除却等」の二つの視点に基づき、都内全域で統一した空き家施策を誘導・展開していくとしている。

【解説 No. 55】　　　　　　　　　Ⅰ類事務、Ⅰ類技術、Ⅱ類

1．誤り。本実施方針は、空き家を取り巻く環境変化を踏まえ、効果的な空き家対策が都内全域で着実に展開されるよう、中長期的な視点からの都の空き家対策の考え方や具体的な取組の方針をとりまとめ、区市町村や民間事業者などの関係者に分かりやすく示すために策定するものとしている。

2．正しい。

3．誤り。本実施方針では、法に基づく措置の対象を、特定空家等になる前段階の適切な管理が行われていない空家等（管理不全空家等）に拡大し、固定資産税等の住宅用地特例の適用除外対象にすることを国へ働きかけていくとしている。

4．誤り。本実施方針では、空き家の種類別内訳において、「賃貸用の住宅」が最も多く、次いで一般に管理が行き届かない可能性が高い長期不在等の「その他の住宅」「売却用の住宅」「二次的住宅」の順となっているとしている。

5．誤り。「既存住宅市場での流通促進」「地域資源としての空き家の利活用」「利活用見込みがない空き家の除却等」の三つの視点に基づき、都内全体として、区市町村との適切な役割分担のもと、地域特性に応じた空き家施策を誘導・展開していくとしている。

正答　2

都政事情

東京都主任試験解答集　令和4－5年度　　　　　定価：本体1,700円＋税

2024年2月14日　発行

編集人　　㈱都政新報社　出版部

発行人　　吉田　実

発行所　　㈱都政新報社

　　　　〒160-0023　東京都新宿区西新宿 7-23-1　TS ビル 6 階

　　　　Tel 03(5330)8788　　　Fax 03(5330)8904

　　　　http://www.toseishimpo.co.jp/

印刷・製本　藤原印刷株式会社

乱丁・落丁はお取り替え致します。　　　　　　Printed in Japan

ISBN978-4-88614-284-9 C2030